汉语韵律语法丛书
冯胜利 端木三 王洪君 主编

汉语的四字格

朱赛萍 著

北京语言大学出版社
BEIJING LANGUAGE AND CULTURE
UNIVERSITY PRESS

© 2015 北京语言大学出版社，社图号 15273

图书在版编目（CIP）数据

汉语的四字格 / 朱赛萍著 . ―― 北京：北京语言大学出版社，2015.12
（汉语韵律语法丛书 / 冯胜利，端木三，王洪君主编）
ISBN 978-7-5619-4361-8

Ⅰ.①汉… Ⅱ.①朱… Ⅲ.①四字词组－研究 Ⅳ.① H136.3

中国版本图书馆 CIP 数据核字（2015）第 298262 号

汉语的四字格
HANYU DE SIZIGE

| 排版制作：北京创艺涵文化发展有限公司 |
| 责任印制：姜正周 |

出版发行：**北京语言大学出版社**
社　　址：北京市海淀区学院路 15 号，100083
网　　址：www.blcup.com
电子信箱：service@blcup.com
电　　话：编辑部　　8610-82301016
　　　　　国内发行　8610-82303650/3591/3648
　　　　　海外发行　8610-82303365/3080/3668
　　　　　北语书店　8610-82303653
　　　　　网购咨询　8610-82303908
印　　刷：北京京华虎彩印刷有限公司

版　　次：2015 年 12 月第 1 版
印　　次：2015 年 12 月第 1 次印刷
开　　本：880 毫米 ×1230 毫米 1/32　　印　张：4.375
字　　数：87 千字
定　　价：35.00 元

PRINTED IN CHINA

总序

我国学者对韵律的关注有着悠长的历史。《毛诗序》说:"情发于声,声成文谓之音。"这是古人区分随意的"声"与有序的"音"的最早论述。《荀子·乐论》云:"(先王)故制雅颂之声以道之,使其声足以乐而不流,使其文足以辨而不諰,使其曲直、繁省、廉肉、节奏,足以感动人之善心。"这是古人用声律来区分雅俗、节奏的千年古训。

在中国古代的节律研究史上,对韵律规则关注最细密、阐述最清楚的莫过于南朝的沈约(441—513)。[①]他说:"宫商相变,低昂舛节,若前有浮声,则后须切响,一简之内,音韵尽殊,两句之中,轻重悉异。"(《宋书·谢灵运传论》)。这里的基本精神与当代韵律创始人 Liberman(1975)的"相对轻重论"是一致的。当然,沈约也自知局限:"韵与不韵,复有精粗,轮扁不能言,老夫亦不尽辨此。"(《答陆厥书》)稽古鉴今,从 Liberman "相对轻重论"发展出来的当代节律学(metrical phonology)给了我们辨

[①] 沈约,字休文,吴兴武康(今浙江德清)人,南朝史学家、文学家。他在给陆厥的信中说:"(古人)虽知五音之异,而其中参差变动,所昧实多,故鄙意所谓'此秘未睹'者也。以此而推,则知前世文士,便未悟此处。"但他也承认:"韵与不韵,复有精粗,轮扁不能言,老夫亦不尽辨此。"

识"韵之精粗"的现代工具。①

古代的韵律不仅涉及发音,还事关语法。最早触及这个题目的当属唐代的孔颖达。他在《毛诗正义》里疏解"视民如禽兽"时说:"《经》言'虎''兕'及'狐',止有兽耳,言'禽'以足句";在疏解《召南》"羔羊之皮"的时候说:"兼言羊者,以羔亦是羊,故两言以协句"。其中的"足句""协句"(其他尚有"圆文"等韵律分析)都为今天韵律语法的建立,提供了古代的语料和证据。

在汉语语言学史上最早发现韵律制约句法现象的当首推马建忠②。他在研究"易之以羊"和"以羊易之"两种句型时精辟地指出:"转词介以'以'字置于止词之后者,盖止词概为代字,而转词又皆长于止词。"(《马氏文通》)就是说,如果动词的宾语是代词,而介词的宾语又较长的话,那么就要采用 [[V+代][以+NP]] 的格式。以成分的长短定词序,正是从韵律控制句法的角度看问题。然而,值得回味的是,马氏虽然惊人地发现了韵律的作用,但却说"惟排偶声律者,等之'自郐以下'耳"——将韵

---

① 注意:在 Liberman 之前,Chomsky, Halle, and Lukoff(1956)早已奠定"循环重音指派"(cyclic stress assignment)的操作体系(也即韵律跟语法的直接相关性。参 On accent and juncture in English. In: Morris Halle, Horace Lunt, Hugh MacLean, and Cornelis van Schooneveld (eds.), *For Roman Jakobson*. The Hague: Mouton, 1956. 65-80。而 Halle and Keyser(1967、1971)的文章更可看作生成节律学(generative metrics)的创始之作(其中的重音分布规律,采用了 Chomsky, Halle, and Lukoff(1956)的理论,认为重音跟句法直接相关。参 Morris Halle and Samuel Jay Keyser. Chaucer and the study of prosody. *College English* 28.3 (1966): 187-219. & Morris Halle and Samuel Jay Keyser. *English stress: its form, its growth, and its role in verse*. New York: Harper and Row Publishers, Inc., 1971.

② 事实上,乾嘉学者如王念孙等均有很好的发明。但"韵律训诂"方面的研究才刚刚开始。

律的因素排斥在句法之外。他一方面卓有发明，另一方面又自毁长城，为什么呢？究其根本，是没有理论的缘故。[1] 于是杨树达批评他说"但据类例之多少为言，绝无何等理论为根据也。"(《马氏文通刊误》) 我们吃没有理论的亏太多了！殊不知，我们吃不能（不善？不屑？）创造理论的亏，更大、更多！没有理论，很难准确地把握现象，到手的东西也终将复失，更不消说本质与规律。马氏韵律语法的失败在理论。事实上，马氏不仅没有韵律理论，他的句法理论也不独立(《马氏文通》大抵以拉丁语法为底本)。当然，在我们看到理论之必要（necessary condition）的同时，也不能忘记它并非充分条件（sufficient condition）。原因很简单，即使有了理论也不能保证对现象的揭示准确无误。乔姆斯基的管约句法论（government-binding theory）可谓理论，但根据这个体系，Zwicky and Pullum（1986）得出的却是一个错误的结论：句法无语音原则（Principle of Phonology-Free Syntax）[2]。他们说："句法无语音原则是为跨语言而设定的语法；该语法禁止句法规则或句法限定参考音系的信息。"（The Principle of Phonology-Free Syntax (PPFS) is a proposed universal principle of grammar that prohibits reference to phonological information in syntactic rules or constraints.)[3]

---

[1] 什么是理论？我们认为：其本质属性主要有两点：一是要把假设和规则说明确（explicit），一是要有可验证的预测（make verifiable predictions）。参 Karl R. Popper *The logic of scientific discovery*. New York: Basic Books, 1959.

[2] Arnold. M. Zwicky and Geoffrey. K. Pullum. The principle of phonology-free syntax: introductory remarks. *Working papers in linguistics* 32: Columbus, OH: The Ohio State University, 1986. 63-91.

[3] 引自 Philip H. Miller, Geoffrey K. Pullum and Arnold M. Zwicky. The principle of phonology-free syntax: four apparent counterexamples in French. *Journal of Linguistics* 33 (1997): 67-90.

在形式句法理论界，这一"句法无语音"的错误信念直到最简方案出来后才逐渐改变。2008年11月7～9日在康奈尔大学召开的第39届NELS会议的广告上，我们第一次听到这样的声音：

"The design of the grammar is standardly assumed to be complex, involving components such as phonetics, phonology, syntax and semantics. The initial view that components of the grammar are autonomous has proven to be overly strong, and more and more cases of interfaces among components have been documented. This in turn opens questions about the extent and nature of such interfaces: is there a line between interacting components and components without borders?"

基于这种新的认识，会议邀请学者投交有关"explore empirical as well as theoretical aspects of the interfaces among two or more components of the grammar, and formal tools that capture such interfaces"的论文。时隔不久，Richards在 *Uttering Trees* 一书（2010）中便提出"疑问词移位"（wh-movement）是由韵律导致的的看法：疑问词移位（wh-movement）的句法运作发生在韵律刚好需要的情况下（The syntactic operation of *wh*-movement takes place just in case the prosody requires it）。在20世纪70～80年代的形式句法里，这是不可想象的。

国际韵律语法研究风起云涌，我国韵律语法研究的情况则很不同。我们一向没有宏大系统的语言学理论，自然也没有Zwicky那样极端、绝对的理论错误。从上面看到，韵律对语法的作用我国古代先贤早有揭晓，进入当代，相关研究层出不穷。最明显、最有影响的是郭绍虞的"弹性词说"（1938）[①]和吕叔湘的2+1、

[①]《中国语词之弹性作用》，载于《燕京学报》1938年第24期。

1+2的"趋势说"(1963)①。当然,赵元任的"电离化(ionization)/离合词"理论,更堪称早期韵律语法最精辟的分析:

> 可是既然咱们可以说"上了一堂课",何以不能说"体了一堂操"?要是照字面意义来说,"操了一堂体"应该更合逻辑,可是却没人这么说。这又是语音的因素比逻辑的因素更重要的关系。但是动-宾式结构的抑扬型韵律就足以强迫"体"作动词,"操"作宾语,不管逻辑不逻辑。因此"体了一堂操"就成了学生的经常用语了。
> ——《中国话的文法》②

这里"抑扬型韵律足以强迫'体'作动词,'操'作宾语,不管逻辑不逻辑"一语,为我们开辟了一个新的研究领域。顺此而推,汉语韵律的另一重要属性就是近年来发现的"韵律的形态功能"(参本系列丛书中王丽娟《汉语的韵律形态》)。这方面的研究,我们甚至可以溯源到陆宗达、俞敏(1954)对"开开 kāi kai(动词:这水得开开再喝)"和"开开 kāikāir(形容词:这水开开儿的,正好沏茶啊)"等北京话词语的重音分析。③

汉语韵律语法研究的另一大宗是它在文学上的作用。我国(和邻邦)的学者在这方面的研究有着长久的历史和丰富的学说。南朝沈约的"浮声、切响"(《宋书·谢灵运传论》)、刘勰(465—520)的"往蹇来连"(《文心雕龙·声律》)、唐代日本和尚遍照金刚的"诗行两半(半逗律)"(《文镜秘府论》)、清代桐城派学者刘大櫆的"音节神气"(《论文偶记》),以至于当代启功先生的

---

① 《现代汉语单双音节问题初探》,载于《中国语文》1963年第1期。
② 刘梦溪主编《中国现代学术经典》"赵元任卷"中的《中国话的文法》。河北教育出版社,1996年。
③ 注意:"这水得开开再喝"的重音在第一个"开"上,"这水开开儿的,正好沏茶啊"的重音在"开儿"上。见陆宗达、俞敏(1954)《现代汉语语法·上》,群众书店。

"诗节韵律"(《诗文声律论稿》),等等,都是我国古今节律学研究的宝贵财富,亟待总结和开发。

如果说郭绍虞的"弹性"、吕叔湘的"趋势"和赵元任的"电离化(ionization)"均以20世纪70年代以前的传统韵律理论为基础而进行研究的话,那么我国当代韵律语法的研究则是继Chomsky、Halle、Keyser以及Liberman等当代学者70年代前后提出的"相对轻重说(relative prominence)"[1]为基础、伴随80年代改革开放带来的西方当代语言学理论的引入而开始的。我们知道:汉语韵律—语法的研究以"句法影响/制约韵律"为起点。譬如C. C. Cheng(1973)[2]提出的以句法分枝为上声变调域的观点;Chilin Shih(1986)[3]和Matthew Chen(2000)[4]进行的以句法为基础的音步研究(foot formation based on syntax);Matthew Chen和他的学生提出的以句法XP为界确定的连音变调域(如Matthew Chen,1987)[5];Selkirk(1986)[6]受到Matthew Chen影响后提出的"界定参数"(edge-setting parameters)和"韵律范畴域"(domains of prosodic categories);Selkirk and Shen(1990)[7]观察到的上海

[1] M. Libermann and A. Prince. On stress and linguistic rhythm. *Linguistic Inquiry* 8 (1977): 249-336.

[2] A synchronic phonology of Mandarin Chinese. *Monographs on linguistic analysis*, No. 4. The Hague: Mouton.

[3] *The prosodic domain of tone sandhi in Chinese*. PhD dissertation, University of California, San Diego.

[4] Tone sandhi: patterns across Chinese dialects. *Cambridge Studies in Linguistics*, No. 92. Cambridge, UK: Cambridge University Press.

[5] The syntax of Xiamen tone sandhi. *Phonology yearbook* 4: 109-149.

[6] On derived domains in sentence phonology. *Phonology yearbook* 3: 371-405.

[7] Prosodic domains in Shanghai Chinese. In: Sharon Inkelas and Draga Zec (eds.), *The phonology-syntax connection*, Stanford and Chicago: CSLI Publications and University of Chicago Press, 1990: 313-337.

方言里"句法—韵律错配现象"（phonology-syntax mismatches）；还有 Duanmu（1995、1999）① 提出的上海话连音变调域的重音循环指派法（tone sandhi domains are based on cyclic stress assignment），等等，都是从"句法影响韵律"的角度进行的研究。与此同时，Matthew Chen（1979）还进行了"句法—韵律相互影响"的研究②。他在汉语律诗的探讨中提出句法分枝和韵律分枝必须彼此对应的规律。当然，令人更为关注的是突破 Zwicky"韵律无句法原则"的新理论："韵律对句法的影响和制约"。这方面我们首先看到的是 Inkelas and Zec（1990）③ 有关韵律制约句法的研究，其次是 Feng（1991、1995）④ 有关汉语的韵律结构和韵律制约的句法研究。继此则有 Zubizarreta（1998）的 P-movement⑤ 以及董秀芳（1998）⑥"韵律制约的动补结构"等一系列的韵律制约句法的研究。

在新兴韵律理论（metrical phonology）的影响下，汉语韵律语法的研究发生了质的变化。早在八十年代初期，语言学论坛上就涌现出一批年轻的韵律语法研究者，如陆丙甫、吴为善、张国宪、端木三、冯胜利等。1990 年，端木三与陆丙甫合著的"辅重

---

① S. Duanmu. Metrical and tonal phonology of compounds in two Chinese dialects. *Language* 71.2 (1995): 225-259. & S. Duanmu. Metrical structure and tone: evidence from Mandarin and Shanghai. *Journal of East Asian Linguistics* 8.1 (1999): 1-38.
② Metrical structure: evidence from Chinese poetry. *Linguistic Inquiry* 10.3 (1979): 371-420.
③ Sharon Inkelas and Draga Zec (eds.), *The phonology-syntax connection*. Stanford and Chicago: CSLI Publications and University of Chicago Press, 1990: 365-378.
④ Prosodic structure and word order change in Chinese. *The Penn review of linguistics*, Vol. 14, 1991. & *Prosodic structure and prosodically constrained syntax in Chinese*, PhD dissertation, UPENN, 1995.
⑤ *Prosody, focus, and word order*. Cambridge, MA: The MIT Press, 1998.
⑥ 《动补带宾句式中的韵律制约》，载于《语言研究》1998 年第 1 期。

论"打响当代韵律语法研究的第一枪。①1997年冯胜利到四川大学讲授韵律构词学（词汇化）和韵律句法学（核心重音）②，不久就有了董秀芳的《述补带宾句式中的韵律制约》(《语言研究》1998年第1期）。③此后，韵律语法方面的研究论文便如雨后春笋般涌现。经过近20年来的蓬勃发展，韵律语法研究在中国已蔚为大观。最为突出的就是杨树达批评马建忠没有理论的情况已大为改观：当代汉语韵律语法有了自己的理论。最初是端木的"辅重论"（1990、2000）和冯胜利的"核心重音说"（1991、1995），后来则有《汉语非线性音系学》（王洪君，1999、2008）、《汉语韵律句法学》（冯胜利，2000）、*Chinese Phonology*（Duanmu，2000）以及 *Prosodic Morphology*（Feng，1997）④ 等不同学说和理论的纷纷出炉。在中国，这些都是前所未有的新理论，因此也不容易一下子为人所理解。老实说，韵律语法的起步是相当艰难的，不仅当时的研究生，就是一般的学者对其中的"形式句法理论""形式音系理论"也不太熟悉。为培养兴趣和奠定基础，韵律语法理论的引进和普及，最初采取的是"近取诸身"的做法。⑤譬如把"核心重音"说成"不能头重脚轻""切忌尾大不掉"（而不是

---

① 2002年发表于 *Journal of the Chinese Language Teachers Association* 37.2: 123-136，名为 "Rhythm and syntax in Chinese: A case study."
② 讲稿后来修改为《汉语的韵律、词法与句法》出版，北京大学出版社，1997/2005/2009。
③ 她后来从功能角度研究"词汇化"，成绩显著，但是给韵律导致的双音化的研究留出了很大空间，有待开发。
④ Prosodic structure and compound word in classical Chinese. In: Jerry Packard (ed.), *New approaches to Chinese word formation*: morphology, phonology and the lexicon in modern and ancient Chinese. Berlin: Mouton de Gruyter. 197-260.
⑤ 王国维和陈寅恪在讨论中国历史上引进西方新思想的实例时认为"西洋之思想不能骤输入我中国"(《论学术界》），并提倡"取珠而还椟"的方法（《吴宓与陈寅恪》）。其意至深，足资为鉴。

"管约（Government and Binding）为基础的核心重音的指派"）。即使涉及管约的定义，也为便于理解而从简解说（informally speaking），把"公式化的形式限定"说成大家能理解的"动词后不能有两个（可携带重音）的成分"，诸如此类，不胜枚举。结果呢？虽便于初学和理解，也带来了始料未及的误解和分歧。有人不理解其中的运作，说："汉语的名词可以做谓语，可见动词指派重音的理论有问题"；有人怀疑说："句子的焦点重音是任意的，如何影响句法？"有人歧解道："汉语的句子可以不用动词，可见动词指派重音的操作是错的。"有人质疑道："1+2的'铁公鸡'可以说，凭什么说1+2不合法？"还有人直接反对说："汉语没有重音，也没有音步，因此用重音、音步建立起来的韵律理论靠不住！"疑惑之极，竟有人质问："韵律的作用到底有多大？"显然，有些问题已经超出学科的范围，因为我们一般不问"化学的作用有多大"。当然，我们都知道：如果"汉语没有音步"的话，怎么可能"55/55/555""柴米/油盐/酱醋茶"的节律停顿都一样？假如"汉语没有重音（或凸显）"的话，那么人类语言节律中的"相对凸显律"将由何表现？我们更知道，新领域开辟、新学科建立之初，出现不同的意见和争议是很正常的。太炎先生曾慨叹孙诒让的学术所以未宏于世的原因，是没人反对的结果[①]；而对生成语法的质疑之声至今不绝于耳，却反促其发展，则更是范例。即如1+2的"铁公鸡"，虽非反例，但它给韵律语法提出了挑战。挑战促使了更深的规律、更多解释被发掘与发现。1+2 [名词+名词] 为韵律理论所不容，然而就在解决这些反例的过程中

---

① "自孙诒让以后，经典大衰。像他这样大有成就的古文学家，因为没有卓异的今文学家和他对抗，竟因此经典一落千丈。这是可叹的。我们更可知学术的进步是靠着争辩，双方反对愈激烈，收效方愈增大。"《国学概论》，中华书局，2003年，第33页。

我们发现了两条新的规律：一是"材料"（铁公鸡、木地板、棉手套；？钢铁公鸡、木头地板、？棉花手套）可用 1+2；二是"所有格"（班主任、校领导；班级主任、学校领导）可用 1+2。为什么呢？原因很可能是"材料、所有格"实际上是形容词性而不是名词性成分的缘故（参 Feng, 2001; Duanmu, 2012）。① 这类现象，前人不但没有解释，而且很难会想到。因此，本着真理出于争辩的理念以及促进新兴学科发展的愿望和责任，我们编写了这套丛书。可以说，这套丛书是这个学科不断发展和成熟的标志，是东西方学术研究交汇和碰撞的结果，当然也是这个学科有待整合、总结以便深入发展的当前需要。

这套"汉语韵律语法丛书"的作者都是韵律语法领域中的前沿工作者。他们有的是该学科的资深学者，有的是该领域里的年轻新秀，但他们有一个共同点，就是对此新兴学科的热爱与执着，他们都在这一领域富有自己的心得、体会和贡献。

这套丛书第一批出版的专著共九册。《音步和重音》，作者端木三。该书用大量汉语和英语语料，深入浅出地讨论了节奏的基础——音步和重音，以及它们在诗歌和普通语言里的作用。作者总结了前人的成果及不足，提出一个新的理论观点：所有的节奏模式都可以用一个统一的音步来解释。该书还附有术语表，便于读者查找常用的基本概念。

《汉语的韵律形态》，作者王丽娟。该书介绍了什么是语言的形态、汉语有没有形态、汉语有什么形态以及韵律如何在汉语中发挥形态作用能等一系列的前沿问题。作者通过分析汉语"韵律和形态"互动的现象提出：和音段层面的元音、辅音一样，超

---

① The multidimensional properties of wordhood in Chinese. *Contemporary Linguistics* 3 (2001): 161-174 & Word-length preferences in Chinese: a corpus study. *Journal of East Asian Linguistics* 21.1 (2012): 89-114.

音段层面的音高、音强和音长等韵律成分，也是重要的形态手段。汉语正是这样一种富于韵律形态的语言。与此同时，跨语言的现象表明，韵律形态不是汉语独有的特征，而是人类语言的共性。作者呼吁：全面展开以汉语为基础的跨语言的"韵律形态研究"。

《汉语的韵律词》，作者裴雨来。该书介绍汉语韵律词研究的理论基础，包含韵律结构、韵律层级以及韵律词作为模板的韵律构词的理论。与此同时，作者详细说明了汉语的韵律构词操作，提出"汉语韵律词模板规则"，并根据这一规则分析了普通话多种复合词现象，比如"[词凳子]/[词板凳]/[词*板凳子]"、"[词耕地]/[词*耕种地]"等对立现象，"牙+齿（=牙）"等冗余现象，"煤炭店、纸老虎、开玩笑"等不同类型1+2、2+1格式，"纸张粉碎机"等含动复合词，"北京大学→北大"等缩略词，以及"孔→窟窿""夏→有夏"等双音化现象。最后作者着重说明了"韵律词与词感的关系"以及"韵律词法与韵律句法间的交互作用"等问题。

《汉语的最小词》，作者洪爽。该书全面介绍了汉语最小词的相关知识。认为最小词是由一个双音节的标准音步实现而成的韵律词，是韵律系统中"规则推演"的结果，是一类特殊的韵律词——最和谐的韵律词。谈最小词不能离开具体的词法、句法等语言环境，否则无所谓最小词。就是说，最小词是"动态"的，这是它与标准韵律词的最大差异之所在。最小词可以分别从节律和句法两方面来进行分类。作者认为最小词的确立对语言研究有着十分重要的意义和作用：可以为词和短语的区分提供新的视角和思路，也可以深入理解允准和促发句法移位的动机及运作，更可以多维度地解释汉语合成词复合的动机和构造的过程。正因如此，最小词的研究值得引起充分的重视。

《汉语嵌偶单音词》，作者黄梅。该书首先提出了两个问题：（一）为什么"校、国、避、佳"等单音"词"不是黏着语素或半自由语素而是"嵌偶（单音）词"？（二）是什么原因导致嵌偶单音词的句法分布受到限制？作者从这些词在使用中不得不"双"的韵律特点出发，说明它们出现的韵律与句法的条件，并提出判定它们的标准是看其能否独立做句法成分，因此凡能独立做句法成分的单音节单位，尽管韵律受限，也是词。除此而外，嵌偶词只用于庄典语体，具有很强的语体语法性。因此，它们在其他语体中很难或根本不能出现。最后作者强调指出："不得不双"的嵌偶性是现代庄典体语法的重要属性。

《汉语合偶双音词》，作者王永娜。合偶双音词是一种自身为双音节且要求特定组合对象也必须至少为双音节的，句法自由，但合偶要求有一定方向性的书面正式体的语体词，简称"合偶词"。该书从《汉语水平词汇与汉字等级大纲》中收集到一千多个合偶词，在此基础上，介绍合偶词的鉴别标准，考察合偶词在四大词类（动、形、副、名）中的分布和存在情况，介绍了四类合偶词内部在组合方式上的差异，对应的语体功能及其差异，阐明了合偶词的语法本质是以"双"配"双"的韵律形式和组合方式来完成正式语体的交际目的。作者认为，合偶词普遍具有"抽象＋抽象"的语义特征，这是汉语构建正式语体的一种语法形式。

《汉语的句法词》，作者庄会彬。该书从汉语"词""语"纠缠的问题出发，认为"句法词"的概念界定和阐释可以帮助解决这一学界长期以来的困惑。作者进而深入探讨了句法词研究的现状、句法词的派生、句法词与词汇词以及"的"字短语的联系和区别。以"白菜""白布""白的布"为例，三者之间"词""语"界限该在何处划分，一直都是老大难问题，然而，引入句法词之后就变得较为清楚的原因所在。"白的布"是短语,"白菜"为词汇词(固化词),"白布"则为句法词;三者差异由是泾渭分明,"词""语"界限也因此可定。

《汉语的四字格》,作者朱赛萍。该书讨论:汉语的四字格为什么是人们言语生活实践中喜闻乐见的一种独特的表达形式?五花八门的四字格到底是怎样产生的?为什么四字格在汉语中如此普遍而备受青睐?作者通过介绍四字格的韵律、句法与语体等多方面的特征,全方位探索了汉语四字格的韵律特征以及生成方式。作者指出,汉语的韵律系统和机制,是揭开汉语四字格前世今生之谜的钥匙。

《汉语韵律语法问答》,作者冯胜利。该书从理论、实践以及作者自身的经验和体会出发,深入浅出地解答了学生和学界对于20年来韵律语法研究的疑问、质疑和批评,诸如"汉语有没有音步""什么是韵律层级""什么是相对凸显/轻重""韵律的作用到底有多大",等等。该书的问答既针对初学者的日常问题,又关系到研究者的专业问题及该学科的历史和发展,同时也涉及韵律语法操作的原理和方法,如"韵律形态""层级跨界""韵律删除与韵律激活""焦点重音与核心词移位""句法词与最小词"等前沿问题。该书的讨论对厘清初学者和一般研究者在韵律构词和韵律句法中常常遇到的问题有帮助,对该学科的历史研究和未来的发展有总结和推动的作用。

不难看出,这套丛书的确反映了当前韵律语法发展的方方面面。美国学者 Simpson 在 2014 年出版的《汉语语言学手册》(*The Handbook of Chinese Linguistics*)里面说:

> 将来的韵律与语法的相互作用的研究,无论是跨方言的共时研究,还是历时的研究(这是具有可能性的),都是未来汉语语言学研究中的一个丰富而内容充实的领域,是一个汉语可以为

"有关人类语言的普通语言学理论"做出重要贡献的领域。①

这是对我们以往韵律语法研究的总结,更是我们将来努力的方向。是为序。

冯胜利(执笔)

2015年6月

---

① Andrew Simpson. Prosody and syntax. In: C.-T. James, Huang Y.-H. Audrey Li and Andrew Simpson (eds.) *The Handbook of Chinese Linguistics*. Oxford: Blackwell, 2014. 465-491.

目录

1	**第一章 什么是四字格**
2	第一节 四字格以及相关称谓
5	第二节 四字格的鉴别之法
16	第三节 四字格研究历史简介
25	**第二章 四字格的韵律与语法特征**
26	第一节 四字格与汉语的韵律构词系统
32	第二节 四字格与"韵律征服句法"
49	**第三章 四字格的两种基本组合方式以及相应的重音模式**
50	第一节 四字格的两种基本组合方式
56	第二节 四字格的重音模式及其推导过程
69	**第四章 四字格的语体功能**
70	第一节 四字格的几种不同语体表现
75	第二节 四字格不同语体功能的韵律表征
81	**第五章 四字格的句法功能**
82	第一节 四字格的句法位置分析
89	第二节 动词性成语与后带宾语的冲突性

101	**第六章　四字格成语的对外汉语教学**
102	第一节　四字格成语对外汉语教学探略
105	第二节　四字格成语的教学要点
109	**第七章　结语**
112	**参考文献**
120	**后记**

第一章

什么是四字格

第一节　四字格以及相关称谓

汉语的四字形式是汉语使用者非常喜好的一种表达形式，不仅是成语、谚语、俗语等固化熟语单位，就是一般的短语，也好以四字为之。1963年，吕叔湘在《现代汉语单双音节问题初探》一文中，曾经就汉语的四字形式做出如下表述：

> 四音节好像一直都是汉语使用者非常爱好的语音段落，最早的诗集《诗经》里的诗以四言为主。启蒙的课本《千字文》《百家姓》《李氏蒙求》《龙文鞭影》等都是四言。亭台楼阁常常有四言的横额。流传最广的成语也是四言为多。

事实上，自古至今，四字形式在汉语的言语实践中一直有着举足轻重的作用。本书讨论的四字格也是一种四字形式，四字格这一术语从字面上理解，即是指"由四个字组成的语言格式"。汉语四字并用常常可以组成一种独特的表达形式，以至于成为一种独立的格式，并且产生"四字格"这一类专门的术语来指称相关的语言现象。

四字格是汉语的一种别具特色的表达形式，无论是在日常对话还是在书面表达中，四字格以其鲜明的节奏、整齐的形式、精练的语义，已然成为汉语文化系统中一道亮丽的风景线。就"四字格"这一术语而言，学界对它的内涵有不同的认知，这也导致了"四字格"还有诸如"四字词""四字语""四字格言""四字格词""四音格词""四音节词""四字格成语"等近似称谓。即便都是使用"四字格"这一术语形式，各自界定的范围、采取的态度也很可能是不一致的。在这开宗明义的第一章，大致厘清这些不同称谓产生的历史及缘由，就显得非常有必要。

最早使用"四字格"这一称谓的当是陆志韦，1956年，陆志韦在《语言研究》上发表了《汉语的并立四字格》一文。陆志韦并没有对"四字格"下严密的定义，但从其行文和举例来看，"四个字（音节）在语法上紧密结合在一起的就是四字格"。后来，学者纷纷沿用，"四字格"这一术语得到了广泛的使用。

"四字格"之所以还有许多其他近似的称谓，其中很大的原因在于大家对于"四字格"到底属"词"还是属"语"莫衷一是，并由此衍生出了"四字词""四字语"等相关称谓。陆志韦（1956）首次将汉语四字格这一语言现象作为一种构词现象进行研究，并提出了"并立四字格是汉语的构词格"这一观点。在这篇论文以及随后出版的《汉语的构词法》一书中，他着重讨论了四字格是怎样一种构词格的问题，并提出了区分并立四字格是词还是词组的操作标准。他的结论是："有些并立四字格的例子是汉语的词，或许是大多数，可不肯定一切全都是词。"

20世纪60年代，吕叔湘在《现代汉语单双音节问题初探》一文中沿用的是"四字格"这一术语。他特别指出："四音节的优势特别表现在现代汉语里存在着大量四音节熟语即'四字格'这一事实"，并且认为"成语只是熟语中采用四字格最典型的一个类别而已"，"四字格的语法结构是多种多样的"。

到了70年代，吕叔湘（1979）用"四字语"来表示类似的语言单位：

> 现代汉语里有大量的四字语，这是一种特殊的短语，它在结构上的特点是：一，分前后两段，两段的结构相同；二，前后两段的意思或者平行或者对称；三，一般不能单用的语素在四字格里当单词用。至于每个两字段的内部结构，那是各种类型都有。这是大多数四字语的情况，有少数不分前后段，或者分段而不对称。

细读吕叔湘先生的相关表述，不难发现，"四字格"是指称四音节熟语，"四字语"指称一种特殊的四音节短语。那么，什么是"熟语"呢？《现代汉语词典》对此的释义是：固定的词组，只能整个应用，不能随意变动其中成分，并且往往不能按照一般的构词法来分析，如"慢条斯理、无精打采、不尴不尬、乱七八糟、八九不离十"等。按照这种释义，四音节熟语应该是一种四字形式的固化语，而"四字语"则应该理解为还未固化的四字短语。张斌、胡裕树（1988）使用的"四字语"也应该是这种内涵："双音节词常常联合起来造成一个短语，如'先进经验、宝贵意见、图书仪器、轻松愉快'等。这样，汉语里就有大量的四字语存在。"此外，周荐（1997）纯粹从音节角度来使用"四字语"这一术语，"四字语"指的是四音节单位。姜德梧（2000）则认为"汉语中有些结合比较固定的四字词组"就是"四字格"或"四字语"。可见，同一称谓之下实则有很不相同的内涵。

20世纪80年代以后，随着词汇研究进入一个全面繁荣时期，四字格也成为人们研究的热点问题之一。受到学者关注的四字格范畴越来越完整，不仅仅是四字格的结构形式和语法功能，而且扩大到四字格的构词、语义、语用、韵律、修辞，直至新词语、语料库识别等诸多方面。但是，对四字格的界定范围难以求得统一，仍是四字格研究中一个突出的问题。

从构词和短语的角度来界定四字格，容易导致使用术语的分野。"四字语"是从"语"的角度命名这类四字组合的，而"四字词""四字格词""四音格词""四音节词"这一类术语显然是从"词"的角度来命名的。然而，四字格的研究价值不应该仅限于"词"或"语"这些语法属性的争议，更重要的是要研究四字格区别于汉语其他四字形式的本质特征到底是什么。当我们企图用"词"或"语"的标签来界定四字格时，不但不能认清四字格的"庐山真面目"，而且分类本身也会产生诸多困难，往往白费力气。因此，从某种程度来说，术语使用的混乱与分歧恰恰说明了我们对汉语四字格的本质特征缺乏正确的认识。

综上，我们面对的还是一个概念界定的问题：难道四个字就是四字格吗？难道节奏形式为 2+2 的四字形式就是四字格吗？答案显然是否定的。在下面一节，我们将重点阐述什么是四字格，什么不是四字格，并且给出相应的鉴别标准，以期对规范四字格这一术语的使用有所帮助。

第二节　四字格的鉴别之法

不少文献将四字组合等同于四字格，这与本书讨论的四字格相去甚远。四字格是汉语里一个独立的语言单位，这在句法与韵律上都有相关的证据。我们不妨先从句法上看：

（1）一衣带水　　＊一衣带的水
　　　不请自来　　＊不请就自来
　　　大呼小叫　　＊大呼和小叫
　　　取而代之　　＊取而代替之
　　　如花似玉　　＊如花似美玉

可见，四字格在句法上不能随意扩展，必须作为一个独立的单位使用。四字格的独立性不仅仅表现在构词造句中的独立性，更为重要的是它们自身具有独立的读音形式：四字格在韵律上采用2+2的节奏类型，并且具备固定的重音模式。在以往的研究中，俞敏（1989）、Hoa（1983）、Meredith（1900）等中外学者，已经提及汉语的四字格一般有以下两种重音模式：

（2）a. [轻　中　轻　重]
　　　b. [中　轻　轻　重]

一般的成语都采用 [轻中轻重] 这一重音模式，如"一衣带水""源远流长"等；而典型的口语形式则采用 [中轻轻重] 这一重音模式，如"稀里糊涂""乱七八糟"等。冯胜利（1997）则进一步论述四字格内部存在两种不同的重音模式，即：

（3）a. [0 2　1 3]　　b. [2 0　1 3]
　　　　一衣　带水　　　稀里　糊涂

[0213] 型重音模式与传统的 [轻中轻重] 重音模式是等值的，而 [2013] 型重音模式则与传统的 [中轻轻重] 重音模式是等值的。

这样，四字格在韵律上就能找到一个鉴别标准，即所有的四字格都要遵循 [0213] 或 [2013] 的重音模式[①]。

综合以上的研究，四字格之所以能作为一个独立的语言单位使用，是因为它是韵律构词学上的一个单位，因此在句法与韵律上均有一定的判别标准。只有符合相应的句法与韵律条件的四字形式，才是本文所讨论的四字格。按照这些标准，我们首先可以将以下四字组合排除掉：

（4）我不吃了　他想来了　你来不来
（5）站不起来　写不下去　走不出去
（6）猫呀狗的　穷啊富的　好的坏的

很明显，（4）中的例子是四字句，（5）中是四字短语，（6）中的例子"是一种造句格，并非四个字两两并列"（陆志韦，1964：105）。这些例子不但可以扩展，而且不具备上述固定的重音格式，显然不是四字格。诚如史有为（1995）所言，如果这些例子都是四字格，那么按照这些用例来推导，像"洗一回澡""饭没吃过"等非固化四字形式都可以纳入四字格的范畴。如果四字格如此无所不包，那么这个术语就要考虑其理论和实际有无存在的必要了。冯胜利（1997）也将"四字格"这一术语的使用严格限定在复合韵律词及其组合形式的范围之内，认为它是韵律构词的产物，不讨论像"站不起来"等由虚词参与的四字短语，同时也排除由单音动词加三音节宾语构成的四字短语，因为它们不是

[①] 四字格的这两种重音模式是根据"重音调整原则"推导出来的，本书第三章第二节将做具体的说明。

韵律构词的形式。单音动词加三音节宾语的四字短语往往固化程度很高，例如：

（7）钻牛角尖　耍嘴皮子　做白日梦

这一组例子是节奏类型为1+3的动宾式惯用语①，这样的例子还有很多，如"喝西北风""打退堂鼓""打马虎眼""走下坡路""说风凉话""吃大锅饭""吃闭门羹""坐冷板凳""摆龙门阵""打预防针""捅马蜂窝""唱对台戏"等。学界对四字格的2+2节奏形式有颇高的共识，但是也有不少人认为"喝西北风""一肚子气"等节奏类型为1+3或3+1的四字形式也是四字格，如鞠君（1995）、温端政（2006）、杨建国（2009）、卢艳名（2011）等。本书认为这些例子虽然都是四个字的组合，固化程度也很高，但是不符合四字格2+2节奏类型这一首要要求，因此我们赞同马国凡（1987）所指出的，"耍嘴皮子"一类的四字表达不属于四字格。

还有一些学者将以下四字组合也当作四字格来讨论②，例如：

（8）X性：可操作性　不确定性　不平衡性
（9）X人：共产党人　阿拉伯人　未成年人
（10）X者：低收入者　受教育者　不合格者

这类四字组合虽然是"词"，内部不能扩展，但是这些四字组合的节奏类型均为3+1，显然不是四字格。我们再来看一些四字组合的例子：

---

① 节奏类型为3+1的四字表达也有一些，但是数量偏少，如"当局者迷""旁观者清""一肚子气""狗尾巴草"等。
② 如杨建国（2009）中"四字格熟语单位研究"一章。

（11）一个苹果　两种态度　三辆汽车

例（11）是节奏类型为2+2的数量名结构，但是这些例子均不是2+2的重复性韵律短语，而是不平衡（长短律）的韵律短语。因为"个""种""辆"都是量词，属于功能词的范畴，在韵律上一律弱读，因此，这类2+2的数量名结构也都不是四字格。

（12）总的来说　具体地说　零的突破　不知怎的　动真格的

有些学者将例（12）中的各例纳入四字格讨论，如杨建国（2009）。但是，我们认为这类形式虽然也具备外在的四字形式，但是这类四字形式都有一个轻读的功能词"de"，因此我们认为这类带"de"的四字形式也不是四字格。

杨建国（2009）讨论了"N+V"式四字形式，他认为"经济复苏"一类是定中式"N+V"四字格，"现金支付"是状中式"N+V"四字格。他列举的相关例子如下。

定中式"N+V"四字形式：

（13）经济复苏　技术转移　国事访问　公路建设
　　　市场管理　导弹防御　网络管理　年终总结
　　　总统竞选　汽车运输　产权转让　手工操作
　　　大会发言　人事安排　思想汇报　法律修订
　　　信息处理　财务管理　教学改革　食品生产
　　　图书出版　铁路建设　机场建设　经验总结
　　　人才交流　节目预告　商品流通　资产评估
　　　交通管理　军事制裁　核能发电

状中式"N+V"四字形式：

（14）手机联系　现场解决　权钱交易　友情出演
　　　政治解决　外交斡旋　书面报告　原则同意

杨建国（2009）认为定中式"N+V"四字格的数量最多，熟语性也最强。定中式"N+V"四字形式往往可以插入"的"，状中式"N+V"四字形式则往往可以在N的前边添加"用""在""凭""靠""通过"等介词。我们认为虽然某些定中式、状中式"N+V"四字形式具备一定的熟语性，但是如果这类四字形式可以在句法上进行扩展，那么根据四字格在韵律与句法上的独立性特点，这些四字形式就不宜纳入四字格的范畴。比如例（13）中的"经济复苏""技术转移""教学改革""商品流通"等四字形式，还经常加"的"构成"N+的+V"这一形式。以"经济复苏"为例，不妨看以下例子：

（15）a. 但是，该地区<u>经济的复苏</u>，却也给中国提供了一个广阔的市场和中国产业大显身手的天地。

（CCL现代汉语语料库）

　　　b. 但是，该地区<u>经济复苏</u>，却也给中国提供了一个广阔的市场和中国产业大显身手的天地。（自拟）

（16）a. 1978年以后，城市在中国社会<u>经济的复苏</u>和加速发展中作用越来越大。（CCL现代汉语语料库）

　　　b. 1978年以后，城市在中国社会<u>经济复苏</u>和加速发展中作用越来越大。（自拟）

（17）a. 过两天，他将宣布一项"重要的"声明，以促进<u>经</u>

济的复苏和解决目前很严重的失业问题。(CCL 现代汉语语料库)

b. 过两天,他将宣布一项"重要的"声明,以促进经济复苏和解决目前很严重的失业问题。(自拟)

可见,"经济复苏"这类四字形式中间加"的"是很常用的表达,有时"N+V""N+的+V"形式还可以互用。从这一角度来看,将这类固化程度不高的四字形式纳入四字格范畴,显然是不合适的。这类四字形式虽然是韵律词加韵律词的标准组合,但是固化程度还不高,在句法上还可以进行扩展,因此这类四字形式在结构上还没有形成一个单位。这类四字形式在韵律上可以表达为两个一轻一重音节的重复,例如:

	句法	韵律
(18) 经济复苏	经济的复苏	[ws # ws]①
技术转移	技术的转移	[ws # ws]
教学改革	教学的改革	[ws # ws]
现金支付	用现金支付	[ws # ws]
现场解决	在现场解决	[ws # ws]
手机联系	用手机联系	[ws # ws]

与"经济复苏"一类的四字形式相比较,"国事访问""节目预告""友情出演""年终总结"等四字形式一般不能加"的",这类四字形式固化程度高、熟语性强,可见这类四字形式在句法上已有一定的独立性,可以视为四字格。

---

① 韵律学上 w 代表 weak(轻),s 代表 strong(重),# 代表语流间歇。

我们再来看下面一些例子：

（19）莎士比亚　托尔斯泰　伊丽莎白　西哈努克　伊万诺夫
（20）香格里拉　珠穆朗玛　呼和浩特　乌鲁木齐　巴塞罗那
（21）澳大利亚　巴基斯坦　哥伦比亚　尼加拉瓜　斯里兰卡

例（19）是专名中的人名，以国外人名为代表；例（20）是专名中的地名、城市名；例（21）是专名中的国家名。这些四字人名、地名、国家名以2+2为节奏类型，采取[0213]的重音模式，是四字格中的一个重要类别。

（22）人民日报　羊城晚报　外滩画报　新闻联播　东方时空
　　　读书时间
（23）北京大学　东北师大　九三学社　全国人大　全国政协
　　　共青团委
（24）摩托罗拉　阿尔卑斯　雷克萨斯　英菲尼迪　中国移动
　　　可口可乐

例（22）是专名中的报刊、电视栏目名；例（23）是组织机构名，其中"东北师大""全国人大""全国政协""共青团委"都是简称；例（24）是品牌商标名。这些四字组合以2+2为节奏类型，采取[0213]的重音模式，也属于四字格的范畴。

（25）三级跳远　十四行诗　十八罗汉　五七干校　统一战线
　　　社会主义　唯物论者　十二指肠　阿司匹林　厄尔尼诺
　　　一氧化碳　三聚氰胺　聚苯乙烯　硝化甘油

例（25）是一些节奏类型为2+2的四字专业术语、四字音译词，这些四字形式已成为一个结构上的整体，采取 [0213] 的重音模式，属于四字格的范畴。

还有一类叠字四字格，可分为 AABB 式、AABC 式、ABCC 式、ABBC 式、ABAC 式、ABCB 式、ABCA 式 7 种类型，以 AABB 四字形式为典型代表，采取 [0213] 的重音模式，也是四字格中一种重要的类别。举例如下：

（26）AABB 式

  高高低低　弯弯曲曲　堂堂正正　安安静静　斑斑点点
  进进出出　蹦蹦跳跳　匆匆忙忙　大大方方　星星点点
  断断续续　兜兜转转　敦敦实实　点点滴滴

（27）AABC 式

  绰绰有余　耿耿于怀　斤斤计较　九九归一　夸夸其谈
  面面俱到　莘莘学子　头头是道　心心相印　洋洋大观
  滔滔不绝　姗姗来迟　循循善诱　芸芸众生

（28）ABCC 式

  板上钉钉　不甚了了　天网恢恢　无所事事　喜气洋洋
  想入非非　小心翼翼　众目睽睽　热气腾腾　怒气冲冲
  硕果累累　气喘吁吁　白雪皑皑　人才济济

（29）ABBC 式

  不了了之　自欺欺人　言人人殊　春风风人　夏雨雨人
  解衣衣人　上医医国

（30）ABAC 式

  碍手碍脚　百依百顺　诚心诚意　多才多艺　不卑不亢
  各就各位　尽善尽美　久而久之　群策群力　糊里糊涂

相亲相爱	倾国倾城	没完没了	古色古香	

（31）ABCB 式

出尔反尔	得过且过	好说歹说	将计就计	将错就错
就事论事	人云亦云	讨价还价	心服口服	优哉游哉
自然而然	听之任之	以毒攻毒	以讹传讹	

（32）ABCA 式

百分之百	防不胜防	话中有话	忍无可忍	痛定思痛
微乎其微	神乎其神	难乎其难	闻所未闻	玄之又玄
日复一日	年复一年	数不胜数	精益求精	

与上述四字格类别相比[①]，四字格成语是一种非常典型的四字格，也是四字格大家族中一支重要的生力军。四字格成语的使用频率非常高，生命力极其旺盛，是中华民族言语生活中不可或缺的重要组成部分。四字格成语的重音模式为 [0213]，一般都用于正式、庄重的场合，具有古朴典雅的风格。例如：

（33）

奔走相告	别开生面	共商国是	对牛弹琴	美轮美奂
误人子弟	挥汗如雨	出其不意	无所适从	令人发指
按兵不动	痴人说梦	如临大敌	众说纷纭	德高望重
万寿无疆	前车之鉴	沆瀣一气	为渊驱鱼	功亏一篑
杯弓蛇影				

我们前面说过，汉语的四字格一般有两种重音模式，一般的成语采用 [0213] 的重音模式，而典型的口语形式则采用 [2013]

---

① 叠字四字格中有不少也是四字格成语，可见不同角度分出的类可能会有重叠，但这并不影响我们鉴定一种形式是否是四字格。

的重音模式。口语形式的四字格是四字格大家族中的一个重要类别,例如:

(34) 稀里糊涂　稀里马虎　糊里糊涂　稀里哗啦　噼里啪啦
　　 叽里呱啦　叽里咕噜　哆里哆嗦　慌里慌张　蔫不拉几
　　 乱七八糟　吊儿郎当　灰不溜秋　老实巴交

还有一类四字形式,在句法上一般不能再插入、添加其他成分,但是这类四字形式与"一衣带水""稀里糊涂"这类典型四字格有所不同,这类四字形式在语音上还没有形成一个整体,前后两个成分之间往往存在一个语流小间歇。例如:

(35) 你A我B:你来我往　你追我赶　你唱我和　你进我退
　　　　　 你呼我应　你死我活
　　 连A带B:连蹦带跳　连吃带喝　连说带笑　连哭带闹
　　　　　 连本带利　连名带姓
　　 爱A不B:爱来不来　爱理不理　爱吃不吃　爱穿不穿
　　　　　 爱走不走　爱写不写
　　 有A有B:有吃有喝　有分有合　有理有据　有胆有识
　　　　　 有棱有角　有模有样

姜德梧(2000)将这些固定的结构称为四字格语型,并且认为这些语型是在长期的使用过程中逐渐凝固而成,具有极强的组合搭配能力,可以孳乳新的词组。杨建国(2009)认为这种成语的衍化格式也是四字格的一个重要类别,并且指出待嵌格式中的A和B一般具有同义或反义关系,给人的"格式感"或"模式感"更强。在我们看来,四字格本身是一个不断词汇化的过程与结果,这样一类四字形式虽然在语音形式上与典型的四字格有所出入，但是作为一种潜在的可能形式，不宜将之弃而不论。从另外一个角度来讲，本书关注这类四字形式，也便于参照已有的研究成果，从而全面介绍学界研究动态，并且深化已有的研究。

综上所述，我们在确立鉴别四字格的相关标准之外，还用列举法说明什么是四字格，什么不是四字格。形式化的鉴别标准有助于我们建立对四字格这一范畴的理性认识，从而摆脱以往似是而非、模棱两可的主观判断。在厘清四字格的内涵与外延的基础之上，我们再开始讨论四字格的句法、韵律与语体等属性，这样才能说清问题的本质。当然，如何甄别某些节奏形式为 2+2 的四字表达是否已在四字格的发展道路上，哪些形式已经发展成一个标准的四字格，哪些形式是古今沿用的四字格，这是一个值得深入探讨的问题。除了韵律学的相关知识之外，有时还需要借助历史语言学、社会语言学、语言统计学等相关学科的知识才能完成。

第三节　四字格研究历史简介

自陆志韦（1956）提出"四字格"这一术语以来，学界有关四字格研究的文献不在少数，也出现了一些专门收录四字格的词典[1]。纵览这些文献，学者们主要就四字格的结构特征展开论述，其中有不少涉及四字格的修辞问题、文化文学意蕴，以及从对比语言学的角度研究汉藏语系四字格的异同，此外还探讨四字格的

---

[1] 已有的以"四字格"冠名的词典，比较有代表性的，如姜德梧《汉语四字格词典》（北京语言文化大学出版社，2000 年）、高增良编著的《〈红楼梦〉四字格辞典》（北京语言文化大学出版社，1996 年）等。

教学、翻译问题，等等。下面，我们大致梳理一下相关研究，简单介绍四字格的研究历史。

一、四字格的结构特征

围绕四字格的语法、音韵、语义等诸多方面，学界已有不少相关研究。

（一）四字格的分类研究

在四字格研究的早期阶段，以陆志韦（1956）、吕叔湘（1963）为代表的学者试图从语法与语音等角度对四字格进行分类，并且详细描述四字格的多种表现形式。例如陆志韦在《汉语的并立四字格》一文中对叠字的"四字格"和不叠字的"四字格"进行了语法分类：

> "甲甲乙乙"，如"家家户户""干干净净"等；"甲乙甲乙"，如"吧嗒吧嗒""研究研究"等；"甲乙甲丁"，如"不知不觉""想来想去"等；"甲乙丙乙"，如"风里雪里""东说西说"等。其他则属于不叠字格，归于"甲乙丙丁"，如"标新立异""对症下药""门当户对""铜墙铁壁""行尸走肉"等。

此后，有不少文献都从叠字与非叠字的角度对"四字格"进行分类。"四字格"中是否出现两个相同的字，通常被认为是区分叠字四字格与非叠字四字格的形式标准。[①] 叠字四字格包括

[①] 当然，叠字四字格的范围还有广义与狭义之分。广义的叠字四字格认为，无论同字重叠还是隔开，只要有两个相同的字出现在同一个四字格中就属于叠字四字格的范围。本文采用广义说。

AABB 式、AABC 式、ABCC 式、ABBC 式、ABAC 式、ABCB 式、ABCA 式 7 种类型，这在本章第二节中有所介绍。学界常将 AABB 式和 ABAB 式放在一起讨论，但是，在韵律构词学看来，这是性质相差很大的两类形式。冯胜利（1997）指出，复合韵律词的两种基本重音模式为合并式 [X1X2] 和拆补式 [1XX2]①，ABAB 的重音模式显然与此不合，因此不是标准的四字格，而 AABB 则属于标准四字格的重音模式（崔四行，2012）。

根据不同的分类标准，四字格内部还可以划分出一类四字并列形式，例如：

（36）伯仲叔季　柴米油盐　吃喝嫖赌　悲欢离合　笔墨纸砚
　　　魑魅魍魉　吹拉弹唱　春夏秋冬　刀枪剑戟　风雨雷电
　　　风霜雨雪　鳏寡孤独　江河湖海　经史子集　老弱病残
　　　绫罗绸缎　摸爬滚打　男女老少　起承转合　切磋琢磨
　　　琴棋书画　轻重缓急　生老病死　酸甜苦辣　王侯将相
　　　望闻问切　喜怒哀乐　妖魔鬼怪　衣食住行　赵钱孙李
　　　青红皂白　之乎者也　诗词歌赋　豺狼虎豹　金银铜铁

这类并列四字格的固化程度很高，是沿袭已久的表达。陆志韦等（1964：104）认为这类形式是文言遗产，可以写成"X，X，X，X"这种并立的形式。但是，这类并列四字格在发展的过程中语义有了衍生，甚至被赋予了全新的意义，例如"青红皂白""之乎者也"一类的并列四字格所表达的意思绝不是四个字分

---

① 本书第三章将具体探讨它们的韵律结构及其与前面提到的 [0213] 和 [2013] 重音模式的关系。

开来所能表达的。

汉语还有一类由四字格衍生出来的、与四字格紧密相关的"双四字格"形式，也非常值得一提。"双四字格"指的是由两个四字格共同组合而成的结构。"双四字格"的内部结构形式比较紧密，一般不会拆开使用。典型的例子如：

（37）百尺竿头，更进一步　　不入虎穴，焉得虎子
　　　差以毫厘，失之千里　　成也萧何，败也萧何
　　　道高一尺，魔高一丈　　近朱者赤，近墨者黑
　　　流水不腐，户枢不蠹　　明修栈道，暗度陈仓
　　　人为刀俎，我为鱼肉　　仁者见仁，智者见智
　　　失之东隅，收之桑榆　　万事俱备，只欠东风
　　　言者无罪，闻者足戒　　一言既出，驷马难追
　　　城门失火，殃及池鱼

这类"双四字格"所反映的内容是千百年来中华民族生活生存智慧的结晶与写照，往往具有强烈的文化传承性，这也是了解中华文化、传递汉语美学的一个重要途径。

（二）四字格的语法、音韵及其他相关特征

陆志韦先生的研究是以"四字格"为名的滥觞之作，为后来的研究树立了标杆。其后，唐启运（1979）、于根元（1980）、马国凡（1987）、付克诚（1988）、孙维张（1989）、冯胜利（1997）、徐通锵（1997）、刘振前和邢梅萍（2000）、莫彭龄（2003）、周荐（2004）等就"四字格"的历史形成、构造方

式、语义结构等做了不少有益的探讨。还有不少文献就"四字格"中的一些特殊语法格式做了专门的深入研究。例如，于根元（1980）对以ABAB、AABB为代表的四字重叠形式的词性、历史继承性做了深入研究，认为要从分析构词方式着手来考察这类重叠方式。崔四行（2012）以ABAB、AABB这两种四字重叠形式的重音模式、句法功能为例，揭示汉语可通过重音模式的不同——轻重的变化来实现形态的功能。

此外，学界还有不少论文和专著专门论述了四字格的音韵特征，如杨东（1980）、丁安仪（1987）、马国凡（1987）、俞敏（1989）、崔希亮（1993）、鞠君（1995）、史有为（1995）、冯胜利（1997）、刘振前（1999）、刘振前和邢梅萍（2003）、王洪君（2008）、卢艳名（2011）等。其中，杨东（1980）、马国凡（1987）、崔希亮（1993）、刘振前（1999）等非常关注四字格内部的平仄搭配，如崔希亮（1993）根据对《分类实用成语词典》中所列3150条四字格形式进行的相关统计，论证四字格存在平起仄收势。史有为（1995）、冯胜利（1997）的研究则表明，以"一衣带水"为代表的四字格存在大量"韵律征服句法"的现象，即汉语中的2+2节奏形式有很强的"定模作用"，它拥有将非2+2型四字组合"定模"成2+2节奏形式的强大能力。以冯胜利先生为代表的研究，用韵律构词学相关理论作为武装，不仅挖掘出了四字格中大量"韵律征服句法"的现象，更从"韵律词与韵律词复合"这一角度阐发四字格的构造原理，提纲挈领，切中研究的要害，从而开辟了四字格研究的新方向。

（三）四字格的实验语音学研究

在人们的语感中，像"一衣带水"这类固化的四字格成语，其句法结构虽然是3+1，但在节奏上必须读成2+2，这是"韵律征服句法"的一个典型例子。张辉、孙和涛、顾介鑫（2012、2013）从神经语言学的角度，以事件相关电位技术为实验手段，探讨非成语四字格词组、成语四字格在加工过程中韵律和句法的相互作用。他们的研究用实验的方法验证了冯胜利（1997）提出的"韵律征服句法"这一结论，即为了满足复合韵律词的节奏需要，句法规则可以被打破，非法能变合法。

二、"四字格"的文化意蕴

作为一种集中反映中国文化深厚内涵的语言形式，四字格是汉语特殊语言系统的产物。四字格的语法与韵律构造别具特点，反映的则是中华民族深厚的文化底蕴。早在南北朝时期，著名的文学理论家刘勰在《文心雕龙》一书中就对汉语的四音节语串做了如下描写："四字密而不促。"这里的"密"字说明了汉语四字格出现的典型特征，即四个音节"紧密相连"。刘勰的表述说明四字单位在他的语感中已然构成一个独立的韵律模块。这是汉语史上首次将四音节语串描写为一个具有"密而不促"韵律特性的独立单位（冯胜利，2011 a）。

以成语为代表的四字格很多来源于古代诗文和典籍，从《古诗源》第一首民歌"日出而作，日落而息"，到《诗经》首篇"关关雎鸠，在河之洲"，都是四言名句。正如吕叔湘（1963）所言:"四音节好像一直都是汉语使用者非常爱好的语音段落,最早的诗集《诗经》里诗以四言为主。启蒙的课本《千字文》《百家姓》《李氏蒙求》《龙文鞭影》等都是四言。流传最广的成语也是四言为多。"从四言诗歌、辞赋、骈体文到大量出现的成语、熟语,可以看出悠久的四字格形式在汉语使用中起到了非常重要的作用。因此,有不少研究者在研究四字格结构特征的基础之上,阐发其背后的文化意蕴。例如,白丁(1992)、莫彭龄(2000)、王英男(2012)等从文化语言学的角度,阐述以成语为代表的四字格是民族文化的"活化石"。众所周知,四字格成语是汉语四字格的一个典型代表。由于汉语有着极其丰富的成语,而成语又以四音节为主要形式,因此四字格与成语有着千丝万缕的联系。四字格成语作为一种固化熟语形式,是四字格中的重要而非全部类型,"而且成语也概括不尽这类四音节的组合"(史有为,1995)。

在华语研究圈,语言学家邹嘉彦先生非常关注四字格所具有的文化属性。四字格的恰当使用,直指语言使用者的文化造诣,也是一个人教育水平和文化修养的直接体现。近年来,他在香港《文汇报》等媒体上撰文,细数某些四字格形式的当代应用。例如,利用数字四字格词语,可以变幻出诸如"填字游戏""接龙游戏""成语填字坊"等多种文字益智游戏。邹嘉彦(2013)还以与语言源流和语言接触有关的语言及文化历史为视点,倡议为亚洲语言与汉语独特四字格成语申请联合国教科文组织非物质文化遗产。

三、有关四字格的其他研究

汉语有丰富的四字格,非汉语的亲属语言也有。从对比语言学的角度来看,四字格的研究主要集中在汉藏少数民族语言研究领域。戴庆厦和孙艳(2003)以及孙艳的博士学位论文《汉藏语四音格词研究》以"四音格词"为术语[①],初步论述"四音格词"在汉藏语历史比较、类型学研究中的价值,认为"四音格词"是汉藏语不同于印欧、阿尔泰等语系的一个重要特征。其后,戴庆厦和孙艳(2005)、余金枝(2006)、刘劲荣(2007)、和耀(2011)以及余金枝(2007)、武燕(2007)、许雁(2011)、朱雪梅(2011)等硕士论文,纷纷以某一少数民族语言的"四音格词"为研究对象,从语言比较的角度,对语音、语义、语法等进行论述。

在对外汉语教学研究领域,张永芳(1999)、洪波(2003)、冯胜利(2006)、魏庭新(2007)、吴先文(2009)、孙雷(2011)、付培丽(2012)、尤婵(2012)、孙添怡(2013)等就四字格成语存在的韵律错位、语义分析等问题进行了教学研究。此外,外语研究界就四字格的英汉语言翻译实务,也有不少探讨。

[①] 根据戴庆厦和孙艳(2003),"四音格词"的提法基本限于除汉语外的其他三个语族。一般认为这级单位是词,属于构词法范畴。由于"四音格词"多有音节间的连绵关系,因而也称"四音格联绵词"。若按藏缅语"四音格词"的标准衡量,汉语的"四音格词"当指"四个字一组的连绵字"和四音节重叠词等,这与汉藏语中典型的"四音格词"属于不同的语言单位。二者的类型学关系有待确定。实际上,藏缅等三个语族中也存在"四音格词"和"四音格词组"划界不清的问题。可见,划界问题是汉藏语"四音格"研究中首先要解决的问题。该文提出可以将狭义的"四音格"称为"四音格词",将广义的"四音格"称为"四音格词语"。

思考与练习

1. 刘勰《文心雕龙》是如何认识四字语串的？
2. 简述四字格及其相关名称形式产生的根源。
3. 请辨别下面各例是否是四字格，并说出相应的理由。

吊儿郎当	柴米油盐	漂亮美好	大大方方	绝顶神功
大力水手	尼加拉瓜	稀里糊涂	好哭鼻子	团结友爱
丑不拉几	群山之巅	鸡蛋鸭蛋	一马当先	爱国主义
一国两制	中华民族	安全系数	北京时间	又红又专
差额选举	长篇小说	定量分析	不确定性	反腐倡廉
高速公路	两种分析	花样滑冰	环境保护	机会成本
精神文明	抗日战争	空气质量	好呀坏的	绿色食品
民意测验	南昌起义	盘尼西林	群众路线	你来我往
数码相机	天气预报	低收入者	万里长城	网上银行
希望工程	未成年人	以人为本	自然科学	纯种爷们
高兴高兴	排除万难	历尽艰险	三个苹果	慷慨大方
你来我往				

第二章

四字格的韵律与语法特征

第一节　四字格与汉语的韵律构词系统

正如郭绍虞先生在《汉语语法修辞新探》一书中所指出的，"四字格是汉语所特有的"，"任何一种语言都没有像汉语词语那样的形式，而且这种形式又是在汉语中特别发展的"。的确，我们说四字格是汉语的一个独立的语言单位、一种富含感染力的特殊表达方式。那么，随之而来的疑问便是：第一，五花八门的四字格到底是怎样产生的？第二，为什么四字格在汉语中如此普遍、备受青睐？换言之，为什么它们可以独立成为一种固定的表达形式？

带着这些疑问，我们来看冯胜利（1997）对相关问题的解答。他的研究表明：汉语的四字格是汉语韵律构词系统的产物，是韵律构词学中的两个基本单位，亦即两个"标准韵律词"的复合体。根据这一理论，由四个字组成的任何表达形式，无论其是重叠还是复合，无论其是固化已久的古代成语，还是最新创造的四字整体，只要这四字组合具备一种固定的重音分布模式，其在韵律构词学中就获得相应的身份。可见，四字格之所以能成为四字格，与汉语的韵律构词系统有着很大的关系。

冯胜利（1997）论证了双音节音步对汉语构词的重要影响。为了便于深入理解，我们先来介绍汉语的音步（Foot）与韵律词（Prosodic Word, PrWd）等基本概念。"韵律词"是从韵律学的角度来定义"最小的能够自由运用的语言单位"。根据 McCarthy &

Prince（1993）"韵律构词学"的相关理论，人类语言中"最小的能够自由运用的韵律单位"是"音步"。在汉语中，"韵律词"的定义通过韵律构词学中的单位"音步"来确定，而"音步"则通过比它小的单位"音节"来确定。请看汉语相关的"韵律层级"（Prosodic Hierarchy）：

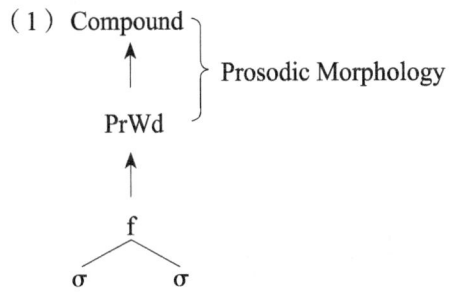

σ 代表"音节"，f 代表"音步"，"音步"由"音节"组成，"音步"必须同时支配两个"音节"，亦即严格遵循"二分支"（Binary Branching）原则：

音步代表的正是语言节律中最基本的角色，它是最小的一个节奏片段，因此必须是一个二分体。音步与韵律词之间是实现关系，音步最后实现为韵律词。冯胜利（1998）通过汉语的自然音步，证明了双音节音步是汉语最小的、最基本的"标准音步"，此外还有其他音步形式：单音步是"蜕化音步"（Degenerate Foot），三音节音步是"超音步"（Super Foot）。标准音步有绝对优先的实现权，是最基本、最一般的音步形式，而"蜕化音步"

和"超音步"的出现都是有条件的。

那么,韵律词与复合词(Compound)又是什么关系呢?在一般的词汇系统中,语素与语素可以通过构词法中的"复合"组成一个新的形式。由于汉语具有"音节语素对应"(Prosodic Morphology)这一特性,因此每两个音节组合成音步时,与之相对应的便是语素与语素的组合。因此,音步的实现与复合词的实现往往"合二为一"。如上图所示,汉语的复合词是汉语韵律词的派生物,音步可以是鉴定复合词的"形式标记"。韵律词不必是复合词,但是最基本的复合词必须是一个韵律词。

四字形式是四字格必备的要件,因此,汉语的四字格不属于韵律词的范畴。那么,四字格究竟是汉语构词系统的哪一级单位呢?我们知道,语言中两个词汇单位的组合能被进一步分析成两个不同的语法类,一为词,一为短语。请看以下两组例子:

(2)　　　　　　词　　　　　　　　短语
英语　　blackbird　　　　　　black bird

汉语　　出租汽车(偏正结构)　　出租汽车(动宾结构)
　　　　复印文件(偏正结构)　　复印文件(动宾结构)

按照韵律构词学的相关理论,一个韵律单位与另一个韵律单位的复合,也可以组成一个新的韵律单位。韵律词与韵律词的组合,是以韵律词为单位、构成韵律词以上范畴的一种有效构词手段。在两个韵律词组合之间的诸多可能性之中,标准韵律词之间的组合最普遍,它们是最没有条件限制的韵律模块,是一种"最佳选择"。因此，在韵律词的组合过程中，只有下面的形式具有绝对的权威性：

(3) 韵律词的最小组合
（Minimal Combination of PrWds）

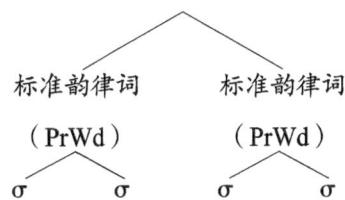

汉语的四字格是比韵律词高一级的单位，属于两个标准韵律词之间的固化组合，因此是汉语中一种非常流行与普及的形式。以成语为例，虽"不限定四字，也有三字五字或者六字七字八九字的"（朱剑芒，1955），但是"成语多数是四个字的"，最普通的格式就是2+2。唐启运（1979）在论及成语四字格的节奏表现形式时说，"正是四字格，使成语表现了它的节奏之美和旋律之感"。根据韵律构词学的相关理论，四个字所以成"格"的根本原因在于汉语的韵律系统，在于它们是复合韵律词的产物。标准韵律词都是双音节形式，因此标准韵律词之间的组合，无疑就导致了四字之"格"，并无一例外地表现出前后两段的性质。四字格具有独立性、普遍性的理论根据正在于此。

当然，两个最小韵律词的组合，就像两个词汇单位的组合一样，也可以有两种不同的类型：一是韵律词组（PrWd-Phrase），一是复合韵律词（PrWd-Compound）。① 对应的图示如下：

---

① 关于两个最小韵律词的组合及其内部区别，具体可参看 Feng Shengli（2015）。

（4） a. 韵律词组　　　　　b. 复合韵律词

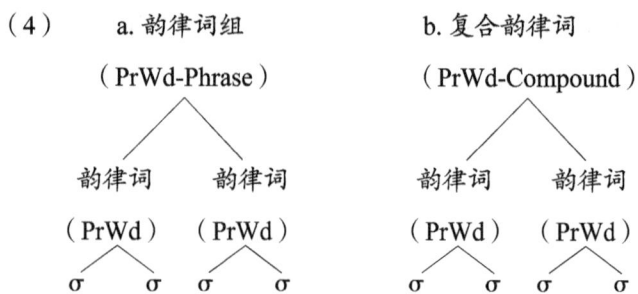

按照这种分析，（4a）韵律词与韵律词的复合构成韵律词组（PrWd-Phrase），对应"你来我往""连蹦带跳"这种可能的四字格形式；而（4b）韵律词与韵律词的复合构成复合韵律词（PrWd-Compound），从而衍生出"乱七八糟""稀里糊涂""德高望重""进退维谷"这类四字格形式。

那么，韵律词组和复合韵律词的区别在哪里？尽管二者之间不大容易划出一条清晰的界线，但是我们仍然可以捕捉到二者的细微差别，即韵律词组中的两个韵律词之间往往存在一个短的停顿，而复合韵律词在语音上是一个整体，没有类似的停顿。我们不妨比较以下两者的区别：

你来＃我往　　　　一衣带水

我们用"停顿"这一测试手段，可以比较明显地感受到这二者在语音上的区别。① 除了这种停顿测试之外，在以往的研究中，

---

① 也许有人会问，似乎复合韵律词也可以在前后两个音节之间加一个停顿，如"前功＃尽弃""前仆＃后继"，感觉也未尝不可。但是，这里要指出的是，这种形式的停顿往往发生在一些很特殊的语用场合，是艺术夸张带来的韵律选择，不属于语法范畴，而是一种修辞。这与"你来＃我往""连蹦＃带跳"一类的韵律词组有着本质的区别。

俞敏（1989）、Hoa（1983）、Meredith（1900）等中外学者已经提及汉语的"四字格"一般有以下两种重音模式：

（5）a. [轻 中 轻 重]
　　　b. [中 轻 轻 重]

冯胜利（1997）则进一步论述了复合韵律词内部存在两种不同的重音模式，即：

（6）复合韵律词的重音模式
　　　a. [0213]　　b. [2013]
　　　　一衣带水　　稀里糊涂

在韵律学中，一般都用数字表示韵律重量的级差。若用数字"1"代表"次重"，数字"2"代表"重"，两个较轻成分用"X"表示，则可以表示如下：

（7）a. [X 1 X 2]
　　　b. [1 X X 2]

冯胜利（1997）指出：一般的成语，如"一衣带水""取长补短"等都采用（7a）的重音模式；而典型的口语，如"乱七八糟""稀里糊涂"等则采用（7b）的重音模式。也就是说，所有来源于复合韵律词的"四字格"都遵循（7）中"四个音节一个重音"的重音规则，而来源于韵律词组的四字形式并不遵循这种"单一核心"的重音模式。相反地，它们表现出的韵律特征是两组轻重音节的组合，请看：

(8) 韵律词组

　　　[ws#ws]　　你来#我往

　　为什么韵律词组和复合韵律词呈现出不同的韵律结构呢？众所周知，"词"是语言系统中最小的能够独立运用的语法单位，而"词组"则相对结构松散，可以插入其他一些语法成分。那么，相应地，韵律词组内部的松紧关系也相对不紧密，不像复合韵律词那样已成为一个整体性的单位（整体性单位只有一个核心——最重的音节是韵律词和复合韵律词的核心）。这样一来，韵律词组的前后两个单位各有一个核心，所以它们之间可以插入一个停顿（不只是间歇），韵律词组和复合韵律词之间的韵律结构有区别也就不难理解了。

　　可以说，韵律词组和复合韵律词二者的韵律表现，可以借由韵律构词学的相关理论推导而来。但是，(7)(8)中的韵律特征是否能够概括汉语所有四字格的语音表现，仍然是一个值得进一步讨论的开放性问题。但是，毫无疑问的是，以双音节音步为基础的汉语韵律构词系统，是四字格和四字短语如此普遍、如此流行的重要原因。

第二节　四字格与"韵律征服句法"

　　上一节我们已经说明四字格是复合韵律词的表现形式，复合韵律词是个"二合一"的整体。因此，四字格的基本构成方式必然是两个双音节模块的相加，这里不妨也以2+2表示。虽然四字格是2+2，但这并不意味着前后两个模块之间必然配置同等的语法关系。就四字格内部的语法关系而言，其结构形式是多种多样的，汉语语法的几种基本结构关系都可以在四字格中找到，请看：

（9）四字格的联合关系

    a. 两个主谓形式的联合

        兴高采烈　名正言顺　眼高手低　民富国强
        貌合神离　字斟句酌　眉飞色舞　海枯石烂
        功成名就　兵强马壮　才疏学浅　财大气粗
        唇红齿白　灯红酒绿　耳聪目明　耳濡目染
        地广人稀　地老天荒　斗转星移　风吹草动
        风调雨顺

    b. 两个偏正形式的联合

        赤手空拳　良师益友　千锤百炼　繁文缛节
        远见卓识　三言两语　不卑不亢　凄风苦雨
        冰天雪地　笨口拙舌　长吁短叹　长年累月
        晨钟暮鼓　残垣断壁　粗茶淡饭　倒行逆施
        多愁善感　旁征博引　豪言壮语　鹤发童颜
        虎背熊腰

    c. 两个动宾形式的联合

        扶危济困　忘恩负义　开宗明义　挑肥拣瘦
        节衣缩食　藏污纳垢　改弦易辙　呼风唤雨
        安营扎寨　博古通今　闭月羞花　称兄道弟
        承上启下　捕风捉影　摧枯拉朽　除旧布新
        触景生情　穿针引线　传宗接代　除暴安良
        调兵遣将

(10) 四字格的主谓关系

火烧眉毛 机不可失 文如其人 杞人忧天 众星捧月
坚不可摧 名副其实 过犹不及 声色俱厉 智勇双全
经纬万端 青黄不接 鸡犬不宁 教学相长 进退两难
耳目一新 哀兵必胜 八仙过海 白驹过隙 百花齐放
百川归海

(11) 四字格的动宾关系

震撼人心 重见天日 正中下怀 饱经风霜 痛改前非
步人后尘 别开生面 别出心裁 不修边幅 独树一帜
不落窠臼 草菅人命 大动干戈 颠倒是非 力争上游
另起炉灶 明察秋毫 徒有虚名 挖空心思 小试锋芒
响彻云霄

(12) 四字格的偏正关系

嗟来之食 一丘之貉 乌合之众 一孔之见 鼎足之势
不毛之地 不速之客 不正之风 后起之秀 而立之年
天作之合 锦绣前程 庞然大物 再生父母 孜孜不倦
彬彬有礼 巍然屹立 拔地而起 不约而同 至理名言
明日黄花

(13) 四字格的述补关系

重于泰山 轻于鸿毛 毁于一旦 持之以恒 嗤之以鼻
掉以轻心 相濡以沫 处之泰然 颠扑不破

从以上例子不难看出，四字格的内部结构能够配置联合、主谓、动宾、偏正、述补等多种语法关系。四字格的基本构成方式是 2+2，当然这里所说的 2+2 不一定都是联合式的并列结构，而是"韵律模块"的并列。显然，上述例子不一定都是句法上的并列关系，但是在节律上都可以分成 2+2 的前后两段。韵律构词学要研究的是韵律要素如何影响词法的组织，四字格给韵律构词学提供了很多很好的素材，借由四字格这一窗口，我们可以窥探韵律在构词中的某些奇妙作用。

我们知道，韵律类型为 2+2 的四字形式不一定就是四字格，但是四字格是 2+2 四字形式中的一个重要类别。汉语以双音节音步为基础的韵律构词系统，让包括四字格在内的汉语 2+2 四字形式产生了大量"韵律征服句法"的现象。我们不妨先来看赵元任（1968）举的一个"无肺病牛"的例子，这个例子至少可以有以下三种解读：

（14）a. 无 / 肺病牛（1+3）　　　没有有肺病的牛
　　　b. 无肺病 / 牛（3+1）　　　没有肺病的牛
　　　c. 无肺 / 病牛（2+2）　　　没有肺的病牛

可见，就"无肺病牛"这个四字形式而言，不同的停顿带来了不同的解读。我们知道，韵律是有关超音段的语音现象，音高、音长、语调、停顿等都是其重要的表现形式（叶军，2001）。"无肺病牛"这一个例子，由于不同的停顿导致不同的语法结构，带来不同的语义解读。可见，韵律能改变句法、语义，这也是题中应有之义。更有意思的是，最为常见的"无肺 / 病牛"这一读法，带来的居然是最没有逻辑性的一种解读——"没有肺的病牛"！就语义而言，"没有肺的病牛"最匪夷所思，最不符合客观实际。然而，韵律让自己的作用凌驾于语言的其他部门之上，汉语的韵律构词系统偏偏最青睐这种语义上的最不可能。可见，汉语四字形式有时可以不关乎句法、语义的要求，而仅仅是为了满足 2+2 这种特定节奏的需要。赵元任先生的这个例子生动地说明了 2+2 节奏在汉语四字形式中的绝对权威性。

在说到汉语四字形式的节律切分时，还有一个经典的例子莫过于"一衣带水"（冯胜利，1997）。"一衣带水"字面上的意思是"水面像一条衣带那样窄"，用来形容一水之隔，往来方便。这里，我们不妨来看一下"一衣带水"的韵律、句法等结构：

    句法结构   韵律结构
（15）((一（衣带))水)[①] 一衣 / 带水

按照"一衣带水"的句法、语义结构，"一衣带水"理应采用 3+1 的节奏形式，即"一衣带 / 水"。但是，语感却告诉我们"一衣带水"必须要采用 2+2 的节奏形式，即"一衣 / 带水"。这其中的道理何在？恐怕这也不能不溯及汉语的韵律构词系统。

以"一衣带水"为代表的某些四字格成语[②]，其句法、语义结构未必是 2+2，但是其韵律结构必须是 2+2。例如，"狐假虎威""成人之美"的句法结构是 1+3，"三六九等""井底之蛙"的句法结构是 3+1，但是它们的韵律结构无一例外都是 2+2。吴先文（2009）《四字格成语韵律错位及教学对策》一文对常见的韵律错位的成语格式做了一些总结，在此基础上，我们总结出更多韵律与句法错位的类型，具体如下：

---

① 此处用"()"表示结构的层次性。
② 已有的文献多数用"四字格成语"这一术语，如唐启运（1979）、吴先文（2009）等；只有极少数的文献用"成语四字格"。本文从大多数。

(16) 　　　　　　　句法结构　　　　　韵律结构
　　　　　　　　　　1+3　　　　　　　　2+2

a. 1+从+2

天从人愿　　（天（从人愿））　　天从/人愿
喜从天降　　（喜（从天降））　　喜从/天降
祸从口出　　（祸（从口出））　　祸从/口出
各从其志　　（各（从其志））　　各从/其志

b. 1+无/不+2

前无古人　　（前（无古人））　　前无/古人
身无长物　　（身（无长物））　　身无/长物
一无所知　　（一（无所知））　　一无/所知
万无一失　　（万（无一失））　　万无/一失
知无不言　　（知（无不言））　　知无/不言
事不宜迟　　（事（不宜迟））　　事不/宜迟
民不聊生　　（民（不聊生））　　民不/聊生
坚不可摧　　（坚（不可摧））　　坚不/可摧
机不可失　　（机（不可失））　　机不/可失
目不识丁　　（目（不识丁））　　目不/识丁
漫不经心　　（漫（不经心））　　漫不/经心

c. 1+若/如+2

了如指掌　　（了（如指掌））　　了如/指掌
冷若冰霜　　（冷（若冰霜））　　冷若/冰霜
判若两人　　（判（若两人））　　判若/两人
呆若木鸡　　（呆（若木鸡））　　呆若/木鸡

亲如手足	（亲（如手足））	亲如／手足
旁若无人	（旁（若无人））	旁若／无人

d. 1+ 在/于 +2

事在人为	（事（在人为））	事在／人为
志在千里	（志（在千里））	志在／千里
箭在弦上	（箭（在弦上））	箭在／弦上
毁于一旦	（毁（于一旦））	毁于／一旦
疲于奔命	（疲（于奔命））	疲于／奔命
易于反掌	（易（于反掌））	易于／反掌

e. 1+ 而 +2

信而有征	（信（而有征））	信而／有征
劳而无功	（劳（而无功））	劳而／无功
敬而远之	（敬（而远之））	敬而／远之
轻而易举	（轻（而易举））	轻而／易举
华而不实	（华（而不实））	华而／不实
视而不见	（视（而不见））	视而／不见
引而不发	（引（而不发））	引而／不发

f. 1+ 同 +2

味同嚼蜡	（味（同嚼蜡））	味同／嚼蜡
恩同再造	（恩（同再造））	恩同／再造
视同儿戏	（视（同儿戏））	视同／儿戏
形同陌路	（形（同陌路））	形同／陌路

g. 1+1+ 之 +1

成人之美	（成（人之美））	成人／之美

乘人之危　　（乘（人之危））　　乘人 / 之危
成人之善　　（成（人之善））　　成人 / 之善
如天之福　　（如（天之福））　　如天 / 之福

h. 1+ 其 +2

出其不意　　（出（其不意））　　出其 / 不意
忘其所以　　（忘（其所以））　　忘其 / 所以
听其自然　　（听（其自然））　　听其 / 自然
攻其不备　　（攻（其不备））　　攻其 / 不备

i. 1+ 为 +2

古为今用　　（古（为今用））　　古为 / 今用
各为其主　　（各（为其主））　　各为 / 其主
走为上计　　（走（为上计））　　走为 / 上计
据为己有　　（据（为己有））　　据为 / 己有
视为畏途　　（视（为畏途））　　视为 / 畏途
言为心声　　（言（为心声））　　言为 / 心声

j. 1+ 与 +2

事与愿违　　（事（与愿违））　　事与 / 愿违
习与性成　　（习（与性成））　　习与 / 性成
无与伦比　　（无（与伦比））　　无与 / 伦比
虚与委蛇　　（虚（与委蛇））　　虚与 / 委蛇

k. 1+ 所 +2

为所欲为　　（为（所欲为））　　为所 / 欲为
畅所欲言　　（畅（所欲言））　　畅所 / 欲言
无所不知　　（无（所不知））　　无所 / 不知

闻所未闻	（闻（所未闻））	闻所 / 未闻
无所畏惧	（无（所畏惧））	无所 / 畏惧

L. 1+ 莫 +2

人莫予毒	（人（莫予毒））	人莫 / 予毒
概莫能外	（概（莫能外））	概莫 / 能外

M. 1+ 有 +2

死有余辜	（死（有余辜））	死有 / 余辜
胸有成竹	（胸（有成竹））	胸有 / 成竹
腹有诗书	（腹（有诗书））	腹有 / 诗书

N. 其他

家徒四壁	（家（徒四壁））	家徒 / 四壁
言犹在耳	（言（犹在耳））	言犹 / 在耳
名满天下	（名（满天下））	名满 / 天下
行成于思	（行（成于思））	行成 / 于思

以上四字格成语的句法、语义结构都不是 2+2，但是其韵律结构都遵从 2+2。这类句法与韵律错位的四字格成语以 1+3 的句法结构最为常见。我们注意到这些结构大多存在虚词，虚词具有连属功能，在结构中的位置往往固定，这难免导致有虚词参与的句法结构容易与 2+2 的韵律结构相冲突。例如，就句法结构而言，"1+ 从 +2"这一类型的"四字格"中介词"从"必须与后接成分组合，因此居前的单音节成分独立出来构成韵律上的 1+3，这最终与 2+2 的韵律类型产生了错位。四字格成语存在着大量"韵律征服句法"的现象，周祖谟先生在《汉语词汇讲话》一书中，曾经对四字格成语的性质做出如下论述：

成语就是人民口头里多少年来习用的定型的词组或短句，其中大部分都是从古代文学语言中当作一个意义完整的单位承继下来的。它的意思可以用现代语来解说，但是结构不一定能跟现代语法相合，例如"责无旁贷""义不容辞"。成语的结构是固定的，一般都是四个字，它是相沿已久、约定俗成的具有完整性的东西，所以称为"成语"。

通过以上这段文字，我们不难看出周祖谟先生已经关注到了某些成语在结构解读上发生的错位现象。四字格成语中句法、语义结构屈从于韵律结构的错位现象，可谓屡见不鲜。我们在有些例子中甚至还能观察到一种两可状态：

（17）2+ 者 +1

旁观者清　当局者迷　近朱者赤　近墨者黑　肉食者鄙

我们可以按照句法结构将"旁观者清"念成 3+1，但是有时也可以按照四字格的韵律结构将"旁观者清"念成 2+2。两种念法都有不少拥护者[①]，可见"2+ 者 +1"处在一种由 3+1 向 2+2 过渡的中间地带。这个例子说明在汉语韵律构词系统的强大影响下，一些相关的四字形式容易发生由非 2+2 韵律型向 2+2 韵律型的转变[②]，这背后反映的正是复合韵律词在汉语韵律构词系统中发挥的强大威力。

[①] 比如吴先文（2009）认为"2+ 者 +1"采用的是 2+2 的韵律模式，笔者做了一个小范围的调查，还是有一些人的语感会倾向于 3+1。
[②] 当然，正如我们看到的，不是所有的四字形式都是由非 2+2 韵律型变成 2+2 韵律型的。我们强调的是汉语四字形式存在一种变化路径，也可以说是一种强烈的变化趋势，即由非 2+2 韵律型向 2+2 韵律型转变。

四字格成语的重音模式一般是 [轻中轻重]，符合复合韵律词的重音模式。[①] 反过来，我们也可以以此重音模式来鉴别什么是四字格成语，什么不是四字格成语。表面看来，句法结构不是 2+2 的四字格成语似乎不应该是复合韵律词。但是，这些四字格成语往往年代久远，基本已经"词化"，可以认为是它们放弃了原本与其句法结构对应的韵律结构，而采用"四字一体"的韵律模式。也就是说，这些四字格成语的句法、语义结构虽然不是二二组合的，但是在 2+2 节律的强大影响之下，它们改而遵从复合韵律词的节律特征，让句法、语义服从韵律的需要，从而形成韵律与句法错位的结果。

以"一衣带水"为代表的四字格不是能够确定四字格模式的"定模形式"，而是由四字格模式所确定的"模定形式"（冯胜利，1997）。复合韵律词的强大作用力经由它的"定模能力"表现出来，像"机不可失""坚不可摧"一类的四字格很难说仅仅是经过韵律词的复合运作的结果，这类四字格的韵律组合方式是为了满足必要的韵律条件而"硬造"的结果。这种主动改造自己以适应复合韵律词的韵律与重音的过程，就是一种被"模定"的过程。根据韵律结构切出的韵律模块，有时还可以绕过句法语义规律的管束，成为另外一个四字格成语的构造成分。比如"三十而立"这个成语中的"而"是个虚词，它连接了"三十"与"立"这两个前后成分。在 2+2 的节律影响之下，一个在句法与语义上均不能独立的韵律模块"而立"，可以再次组合成"而立之年"这

[①] 此处参俞敏（1989）、冯胜利（1997）等，由复合韵律词构成的"四字格"重音格式会在第三章第二节详细探讨。

种表达。"而立之年"的语义无非是"立之年",但是这里的虚词"而"却不能随意去掉,这个"而"在句法上是冗余的,但在韵律上却是必需的。倘若没有这个"而"作为音节上的填充之物,那么相应的表达就不能进入复合韵律词的结构框架,可见"而"的出现纯粹是"韵律征服句法"的结果。如果不知晓汉语韵律构词系统的诸多原理,纷繁复杂的四字格现象就无从解读。

以上,在汉语的四字形式之内,我们介绍了非 2+2 韵律型向 2+2 韵律型转变的一些例子。除此之外,在汉语韵律构词系统的强大作用下,汉语的一些非四字形式还可以通过删减、添补、融合等方式达到构造四字格的需要。

说到减字,首先举一个有趣的例子,"为人作嫁"这个成语原见唐代诗人秦韬玉《贫女诗》:"苦恨年年压金线,为他人作嫁衣裳。""为他人作嫁衣裳"经过四字格这一加工厂之后,去掉"他""衣""裳"等字,被塑形为符合四字格形式要求的"为人作嫁"。汉语的成语很多都来自历史典故,语言系统在历史典故中提取四字格,多数都经历一个删减规整的过程。不妨来看更多的例子[①]:

(18)删减虚词

    a. 得鱼忘筌——见《庄子·外物》:"筌者所以在鱼,<u>得鱼而忘筌</u>。""得鱼而忘筌"去掉"而","得鱼忘筌"用来比喻成功以后就忘了赖以成功的事物和条件。

    b. 孤陋寡闻——见《礼记·学记》:"独学而无友,则<u>孤陋而寡闻</u>。""孤陋而寡闻"去掉"而","孤陋寡闻"

[①] 以下例子有一些参考了唐启运(1979)。

用来形容见闻狭窄，学识浅薄。

c. 中流砥柱——见朱熹《与陈侍郎书》："二公在朝，天下望之，屹然若<u>中流之砥（砥）柱</u>，有所恃而不恐。""中流之砥柱"去掉"之"，"中流砥柱"用来比喻担当重任，起支柱作用。

d. 安步当车——见《战国策·齐策四》："晚食以当肉，<u>安步以当车</u>。""安步以当车"去掉"以"，"安步当车"形容轻松缓慢地行走，也指人能够安守贫贱生活。

（19）删减实词

a. 狡兔三窟——见《战国策·齐策》："<u>狡兔有三窟</u>，仅得免其死耳；今君有一窟，未得高枕而卧也，请为君复凿二窟。""狡兔有三窟"去掉"有"，"狡兔三窟"原来比喻藏身地方多，便于逃避灾祸，现多用于贬义。

b. 一刻千金——见苏轼《春夜》诗："<u>春宵一刻值千金</u>，花有清香月有阴。""一刻值千金"去掉"值"，"一刻千金"比喻时间宝贵。

c. 盲人瞎马——见《世说新语·排调》："<u>盲人骑瞎马</u>，夜半临深池。""盲人骑瞎马"去掉"骑"，"盲人瞎马"比喻乱闯瞎撞，非常危险。

d. 青天霹雳——见陆游《四日夜鸡未鸣起作》诗："放翁病过秋，忽起作醉墨，正如久蛰龙，<u>青天飞霹雳</u>。""青天飞霹雳"去掉"飞"，"青天霹雳"比喻突然发生的事情，也作"晴天霹雳"。

e. 推心置腹——见《后汉书·光武帝本纪》："<u>推赤心置</u>

人腹中。""推心置腹"意为把赤诚的心交给别人,用来比喻真心待人。

f. 洞房花烛——见庾信《和咏舞》:"洞房花烛明,燕余双舞轻。""洞房花烛"形容结婚的景象。

g. 柳暗花明——见宋·陆游《游山西村》:"山重水复疑无路,柳暗花明又一村。""柳暗花明"比喻绝处之中找到出路,突然出现的好形势。

(20)跨句删减

a. 瓜田李下——见古乐府《君子行》:"瓜田不纳履,李下不整冠。"把"不纳履""不整冠"删去,得"瓜田李下"。"瓜田李下"用来比喻容易发生嫌疑的地方或场合。

b. 青梅竹马——见李白《长干行》:"郎骑竹马来,绕床弄青梅。"剪取两个宾语构成"青梅竹马",其余词语就去掉了。"青梅竹马"用来形容小儿女天真无邪、嬉戏玩耍之状。

c. 事半功倍——见《孟子·公孙丑上》:"当今之时,万乘之国行仁政,民之悦之,犹解倒悬也。故事半古之人,功必倍之,惟此时为然。"将"故事半古之人,功必倍之"裁去多余词语,即得"事半功倍"。"事半功倍"用来形容费力小而功效大。

d. 双管齐下——见宋·郭若虚《图画见闻志》卷五载:唐代张璪善画松,"能手握双管,一时齐下,一为生枝,一为枯干,势凌风雨,气傲烟霞。"将"能手握双管，一时齐下"裁去多余词语，即得"双管齐下"，比喻用两种方法同做一事或两事并做。

以上举的是一些删减的例子，当然也有添补的例子。历史上的一些成语最初是三音节形式，在汉语韵律系统的强大作用之下，这些形式通过添补的办法，形成相应的四字格。

（21）添加语气词

不亦乐乎　空空如也　何许人也　万事休矣　悔之晚矣

（22）添加实词

a. 大腹便便——见《后汉书·文苑列传》："边孝先，腹便便；懒读书，但欲眠。""大腹便便"即在"腹便便"的基础之上追加一个"大"字而来。

b. 笑里藏刀——见白居易《劝酒十四首》："且灭嗔中火，休磨笑里刀。""笑里藏刀"即在"笑里刀"中追加一个"藏"字而来。

除了删减、添补之外，还可以通过融合的方式提取、构造四字格。例如：

（23）融合

a. 天衣无缝——见牛峤《灵怪录·郭翰》："徐视其（织女）衣并无缝，翰问之，曰：'天衣本非针线为也。'"把这几句话的主要词语经过四字格的加工厂加工之后便得"天衣无缝"。

b. 邯郸学步——见《庄子·秋水》："且子独不闻夫寿

陵余子之学行于邯郸与？未得国能，又失其故行矣，直匍匐而归耳。"这个故事讲的是一个燕国人听说古都邯郸人走姿很漂亮，便来到邯郸学习邯郸人走路。未得其能，又忘记自己的走姿，最后爬着回到了燕国。"邯郸学步"比喻一味地模仿别人，不仅学不到本领，反而把原来的本领也丢了。

c. 冰清玉洁——见曹植《光禄大夫荀侯诔》："如冰之清，如玉之洁，法而不威，和而不褒。""如冰之清，如玉之洁"融合成"冰清玉洁"，比喻人的品行高洁或为官清明公正。

d. 劳燕分飞——见《乐府诗集·东飞伯劳歌》："东飞伯劳西飞燕，黄姑织女时相见。"将"东飞伯劳西飞燕"融合成"劳燕分飞"，比喻亲人或朋友离别。

成语所承载的如此丰富多彩、充满典故的内容，和它独特的结构形式结合在一起，形成了汉语的一道独特风景线。看了以上这么多例子，我们不禁要问：成语为什么趋向于使用四个字，而不是三、五、六等其他字数呢？历史上很多成语都有"四字格化"的过程，即通过删减、添补、融合等形式，最终构造一个个四字形式，这体现出四字格强大的"模定作用"。四字格成语的流行性也充分说明了四字形式在汉语使用中的普遍性与权威性。而正如我们在前面所说的，离开以双音节音步为基础的汉语韵律构词系统，就无法解读汉语四字形式的普遍性与权威性，也无法解开四字格所以成"格"的历史谜团。

思考与练习

1. 举例说明汉语的"韵律层级"(Prosodic Hierarchy)。
2. 韵律词与韵律词组合的结果是什么?请举例说明。
3. 由复合韵律词构成的四字格,其组合方式和韵律形式各是什么?

第三章

四字格的两种基本组合方式以及相应的重音模式

第一节　四字格的两种基本组合方式

根据前面的论述，四字格是节奏形式为 2+2 的两个标准韵律词的固化组合体，那么四字格的一个外显表现就是在节奏上可以切分成前后两段，尽管其中的一段不一定能自由使用。例如，"貌合神离"中的"貌合""神离"这两个韵律词都不能单独自由使用。然而，正是这种句法上不自由的表现，说明"貌合神离"的前后两段相互依赖、互为整体，只有整体用作一个句法单位时，在语言系统中才有其位置。如下图所示，这种 2+2 形式是句法与韵律相平行相对称的形式，对四字格的"定型"起到决定性的作用，我们称之为"合并式"（冯胜利，1997），而"合并式"与"拆补式"是四字格的两种基本组合方式。

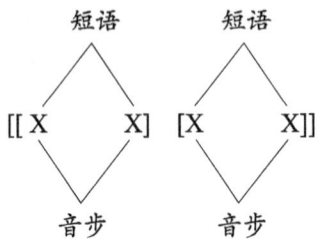

由两个韵律词构成的韵律词组有着明显的合并痕迹，如"你来我往""连蹦带跳""爱来不来""有吃有喝"都是前后两个韵律词之间的合并。以"爱来不来"为例，两个独立短语"爱来""不来"出于韵律构词系统的强大作用，被压缩在一个四字组合里。

这种表达形成一个强有力的四字嵌套格式"爱V不V",在日常口语中,许多单音动词都能很便利地进入这个格式,如"爱吃不吃""爱跳不跳""爱跟不跟"等。因此,凡是由韵律词组构成的四字格都是"合并式"四字格。

"合并式"四字格具有强大的能产性,它代表了四字格的基本组织规律。那么,是不是所有的四字格形式都是按照"合并式"组织的呢?由复合韵律词构成的四字格也遵循"合并式"的构造规则吗?带着这些问题,我们不妨先来看下面的例子(下面A、B代表实词,X代表"衬字"或者"音缀"):

(1) XAXB 七嘴八舌

　　AXBX 横七竖八

(2) XXAB 稀里糊涂

　　AXAB 糊里糊涂

　　AABB 开开心心

这类四字格形式虽然也可以分为前后两段,但是前后两段一般不能独立成义,更不用说独立使用了。例如,"七嘴""横七""稀里""开开"都不具备独立的意义,而发挥着某种类似"音缀"或"填充"性质的功能,我们称之为"音缀四字格"(冯胜利,1997)。"七嘴八舌"不是具象为确切的"七张嘴巴、八个舌头",而是指向"人多话多,没有形成统一意见"这一层语义。"七""八"的语义均指向"多",但是我们又不能用双音节的其他更大的数字代替,比如我们不能说"三十嘴四十舌"。撇开数字文化之类的因素暂且不谈,"X嘴X舌"这一形式表现出对音节数量的严格限制，提示我们"七""八"更大的用途是为了填补相应的空位，以满足音步的要求。即为了满足复合韵律词的需要，"音缀四字格"非得借助语言中的某些填充材料，即使造成前后两段意义上的不透明、语法上的不可用，也要满足韵律对构词提出的形式要求。

那么，"音缀四字格"有没有规律可循，可不可以概括出一些抽象的格式呢？我们认为以下三种形式最为普遍（冯胜利，1997）：

（3）[XAXB] 七嘴八舌

（4）[AXBX] 横七竖八

（5）[AABB] 开开心心

这三种形式在构词法中是不是具有同等地位？先看 [XAXB] 这种形式。这一形式是以第二、第四两字为基础填补的，"拆二为四"地进入四字格的"模定形式"。例如：

（6）头绪：千头万绪　　门户：千门万户

　　叮嘱：千叮万嘱　　差别：千差万别

　　山水：千山万水　　军马：千军万马

　　锤炼：千锤百炼　　疮孔：千疮百孔

　　零落：七零八落　　颠倒：七颠八倒

　　奔跑：东奔西跑　　拼凑：东拼西凑

　　头脑：昏头昏脑　　风浪：大风大浪

　　言语：自言自语　　言语：三言两语

上述例子都是以二、四两字为基础的。以"千头万绪"为例，先有"头绪"作为基础，然后为凑足四字、满足复合韵律词的要求，填补成为"千头万绪"。值得注意的是，上述类型中的二、四两字可能无法成词，例如：

(7) *番次：三番两次　　*嘴舌：七嘴八舌

　　*头臂：三头六臂　　*膀臂：左膀右臂

　　*倒歪：东倒西歪　　*邻舍：左邻右舍

尽管（7）中显示的各例二、四两字无法成词，但是仍能明显地看出一、三两字是以二、四两字为基础附加而来的。由于 [XAXB] 形式占据绝对的优势，以致有些 [XAXB] 形式可以一用再用，逐渐固化为一种稳定的嵌套格式。例如，以"言语""头脑"这两个标准韵律词为基础，可以形成"X言X语""X头X脑"这两个嵌套格式：

(8) X言X语

　　一言一语　三言两语　风言风语　自言自语　不言不语

　　少言少语　好言好语　冷言冷语

(9) X头X脑

　　昏头昏脑　虎头虎脑　狗头狗脑　愣头愣脑　呆头呆脑

　　土头土脑　猴头猴脑　没头没脑

因为"*昏头脑"不合词法，所以"头脑"一分为二，用"昏"分别修饰"头"跟"脑"，成为"昏头昏脑"。这个例子不仅说明这类四字格是由 [[XA]+[XB]] 构成的，而且说明填补词的任意性是出于其"补位"的性质与需要。

不仅 [XAXB] 中的"AB"可以格式化，[XAXB] 这一形式中的两个填充词经过长期使用，同样也可以格式化。例如，"四处奔跑"也可以说"东西奔跑"；若拆开"奔跑"而填以"东""西"，就成为"东奔西跑"。"东西"虽为修饰语，也是填充词。拆"奔跑"为"东奔西跑"，它的动力也是源于"东 A 西 B"这种类型的复合韵律词的类化作用。显然，"东奔西跑"里的"东"与"西"具有填充作用，因为"东奔西跑"就是"胡奔乱跑"，"东拼西凑"就是"胡拼乱凑"。马国凡（1987）认为四字格中有许多相同的格式，都是由同类四字格抽绎出来的相同框架构成的，因此这些格式存在于许多同类的四字格结构之中。汉语中存在不少以"七 X 八 X"为框架的四字格，例如：

（10）七长八短　七颠八倒　七零八落　七扭八歪　七青八黄
　　　七拼八凑　七上八下　七手八脚　七死八活　七推八阻
　　　七折八扣　七嘴八舌

由这些具体的例子，不难抽绎出"七 X 八 X"这一四字格框架。同一格式的四字格越多，这一格式越容易被衍化使用。① 这些例子说明 [XAXB] 形式有着一套"补位"方式，这种方式在汉语中具有普遍性。那么，以"横七竖八"为代表的 [AXBX] 形式的情况又是怎样的呢？冯胜利（1997）指出：虽然以一、三

---

① 马国凡（1987）还列举了大量类似的固定格式，例如：一~一、一~二、一~三、一~两、一~半、一~不、一~而、一~十、十~九、三~五、三~六、大~小、九~一、大~大、大~特、万~一、上~下、千~万、山~水、不~不、不~而、无~无、无~不、天~地、四~八、左~右、出~入、半~不、半~半、有~无、百~百、百~千、先~后、自~自、东~西、没~没、如~如、似~似、似~非、不~自、一~再、有~可、百~不、非~即、金~玉、春~秋、鬼~神、说~道、前~后、有~必，等等。

两字为基础的四字形式不是没有，但是这种类型的四字形式比[XAXB]格式少得多。例如：

（11）指东骂西　横七竖八　隔三差五　说三道四

"指东骂西"是"指桑骂槐"的意思，因此"东""西"是衬字。然而，四字格中的[XAXB]和[AXBX]这两种格式的数量极不平衡，前者很能产，后者则较少见。就是说，只有少数的动词能进入"A七B八""A三B五"这些框架，这也说明"A七B八"跟动词"横""竖"的结合是随机的，不具备规律性。而同样是以"七""八"为衬字的"七A八B"格式则表现出极其不同的情况，试比较：

（12）"七A八B"　　　　　　"A七B八"

　　　七嘴八舌　　　　　　*嘴七舌八

　　　七手八脚　　　　　　*手七脚八

　　　七零八落　　　　　　*零七落八

　　　七扭八歪　　　　　　*扭七歪八

　　　七上八下　　　　　　*上七下八

　　　七拼八凑　　　　　　*拼七凑八

　　　七长八短　　　　　　*长七短八

　　　七颠八倒　　　　　　*颠七倒八

　　　七死八活　　　　　　*死七活八

　　　七青八黄　　　　　　*青七黄八

　　　七推八阻　　　　　　*推七阻八

　　　七折八扣　　　　　　*折七扣八

同样是填充词，"七"跟"八"都有理由进入 [XAXB] 和 [AXBX] 这两种格式。但是，我们看到了一种有趣的对立，"七"跟"八"独独青睐 [XAXB] 格式，却不欢迎 [AXBX] 格式。原因何在？最大的可能应该归结为 [XAXB] 和 [AXBX] 这两种格式之间的对立：[XAXB] 是一种能产格式，而 [AXBX] 则是一种相当受限的格式。因此，[AXBX] 不是一种一般形式，不能作为决定填补式的定模形式。

综上所述，以"七嘴八舌"为代表的 [XAXB] 是拆补式的典型形式，它们带有普遍性；以"横七竖八"为代表的 [AXBX] 则不具普遍性，是一种非典型的拆补式。至于 AABB 重叠式，有些可以分析成 [[AA] [BB]] 合并式，有些可以分析成 [A[AB]B] 拆补式（冯胜利，1997）。二者各自的重音模式是不同的，详见下一节的讨论。

第二节　四字格的重音模式及其推导过程

在前面的章节中，我们已经介绍了学界一般认为汉语的四字格有以下两种重音模式：

（13）a. [轻　中　轻　重]
　　　b. [中　轻　轻　重]

汉语的四字格在结构上是两个韵律词合二为一的结果，表现在重音模式上，四字格也是重音调整之后合二为一的产物。四字格之所以能成格，使用固化固然是一个方面，更为重要的是四字格的重音是合二为一之后的整体产物。由此，重音模式可以成为鉴别四字格的一个重要标准与手段。冯胜利（1997）论述了这一重要思想，并且指出由复合韵律词构成的四字格内部存在两种不同的重音模式，即：

（14）复合韵律词的重音模式

  a. [（02）（13）] b. [2 0 1 3]

   一衣带水   稀里糊涂

若用数字"1"代表"次重"，数字"2"代表"重"，两个较轻成分用"X"表示，则可以表示如下：

（15）a. [X 1 X 2]

   b. [1 X X 2]

四字格的重音模式可以根据"句法结构原则"和"重音调整原则"推导出来，但是正如冯胜利（1997）强调的，四字格重音模式的推导必须以下两点为前提：

（16）a. 汉语双音形式的一般重音模式是"轻重"或者"中重"。

   b. 四字格是汉语构词法中的一个构词单位。

  第一点是传统的说法，虽然也有不少争论，这里只取成说，不详细论证。[①] 第二点是本章第一节的相关结论，即无论是"合并式"四字格还是"拆补式"四字格，二者都是复合韵律词，是汉语韵律构词法中的一个独立单位。正因为如此，当复合韵律词合成的时候，其中各成分之间的关系就要根据新形式的需要，在内部进行合理的分配与调整。也就是说，新形式要求[[AB][CD]]这一合并式四字格中的两个成分[AB]跟[CD]不能绝对等同，否则它们便相互对峙、各自独立，无法形成一个整体。要成为整

---

① 感兴趣的读者可以参考王志洁、冯胜利（2006）《声调对比法与北京话双音组的重音类型》一文。

体，必须遵循一般词汇"右重"的规律，对 [AB] 跟 [CD] 的重音格局进行重新调整。也就是说，四字格的重音格式是以上两条规则共同作用的产物。

一、"合并式"四字格的重音推导过程

根据这种分析，我们对"合并式"四字格和"拆补式"四字格这两种结构进行相应的推导。我们先来看 [[AB][CD]] 这种结构，无论是[AB]还是[CD]，在没有组合之前具有同样的轻重格式，即：

（17）[A　B]　　　[C　D]
　　　德　高　　　望　重
　　　轻　重　　　轻　重

当 [AB] 和 [CD] 组合成一个复合韵律词时，图示如下：

（18）

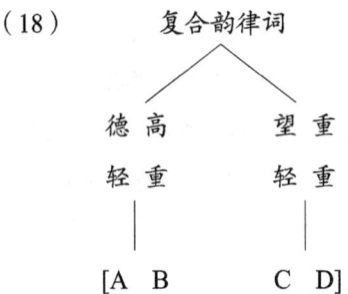

复合韵律词是一个整体单位，这个单位包含了两个成分：韵律词 [AB] 和韵律词 [CD]。这两个韵律成分组合成一个新的构词单位，同时它们又分别是这个新单位的两个下属成分，那么这两个成分也应该遵循"左轻右重"的一般规则。因此，在组合前，[AB]跟[CD]都是同样的轻重型韵律词，[AB]并不比[CD]轻或重。可是，当二者组合以后，它们就不再是独立的两个单位，而是一

个单位里的两个成分。在复合韵律词这个单位里，[CD] 的韵律重量必须重于 [AB]。因此，[AB] 跟 [CD] 之间的韵律关系必须进行调整，才能满足复合韵律词中左右两个成分（音步）"左轻右重"的一般重音规律的要求。这种调整方式就是"重其重，轻其轻"。冯胜利（1997）称之为"重音调整原则"：

> 重音调整原则：由两组同等轻重成分组成的轻重单位必须按照"加重重中之重，减轻轻中之轻"的原则进行内部调整。

"重音调整原则"不仅表现在汉语四字格的重音模式上，英文文献中也有相关探讨。例如，Hayes（1995: 35）在 *Metrical Stress Theory: Principles and Case Studies* 一书中，讨论 "Sunset Park Zoo" 这一短语的重音模式时，认为这是一个 "making the strong stronger"（强者更强）的典型例子。

（19）

		×				×
	×	×			×	×
×	×	×	→	×	×	×
×	×	×	×	×	×	×	×
Sunset	Park	Zoo		Sùnset	Park	Zóo

	×				×
	×	×		×	×
×	×	×	→	×	×	×
×	×	×	×	×	×	×	×
Sunset	Park	Zoo		*Sùnset	Park	Zóo

以上标志的"节律栅"(metrical grid)中，X代表重音。重音分为不同的层级，对于词中的"重音承载单位"(stress bearing element)而言，有孰轻孰重的问题，从而形成一个个音步；对于一个词的多个音步而言，又有哪个音步的重音最重的问题，从而有主重音和次重音的区别。在组成"Sunset Park Zoo"这一短语的过程中，Sunset形成的音步重音体现在该词中的sun这一音节上，次重音在set这一音节上。但根据"短语右重"原则和"强者强，弱者弱"的原则，"Sunsèt Park Zóo"里的次重音是不可能落在弱的set音节上，只能落在相对较强的sun之上；而在短语的主重音这一层面，根据"强者更强，弱者更弱"这一原则，整个短语的重音只能落在zoo这一音节上。"Sunset Park Zoo"这一短语的重音推导过程，正说明了"强者强，弱者弱"原则，而这一原则在人类语言中具有普遍性。

根据"重音调整原则"，我们设一般情况下的重者为"2"，则轻者为"1"。那么，在没有组合成一个整体之前，[AB]和[CD]的重音形式是：

（20）

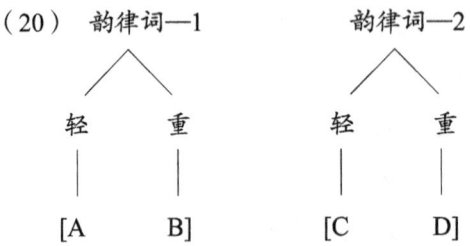

组合之后，必须根据"重音调整原则"进行内部调整，使得[AB]轻于[CD]。根据该原则的第一步——"重其重"，我们有：

（21）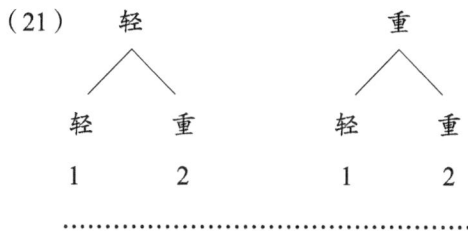

3 ◄——— 重其重

也即加重"重中之重",使最右边一个字的重量由"2"变成"3"。然后再根据"重音调整原则"的第二步——"轻其轻",减轻左边的"轻中之轻",使最左边的一个字的韵律分量由"1"降到"0"。请看：

（22）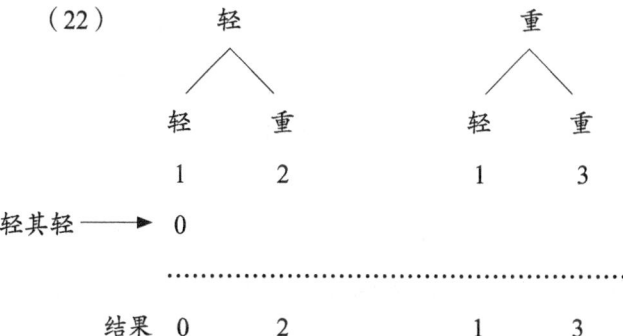

轻其轻 ——► 0

结果　0　　2　　1　　3

最后我们得到一个 [0213] 型重音模式,这一由结构推导出的重音模式与传统的 [轻中轻重] 等值。这一重音模式也恰恰是一般 2+2 式成语的标准韵律格式,例如:

（23）老骥伏枥

　　　叶落归根

　　　守株待兔

先	入	为	主
一	衣	带	水
寿	比	南	山
夜	长	梦	多
三	长	两	短
0	2	1	3

我们知道，关于汉语成语的定义有很多讨论（周荐，1997；莫彭龄，1999；施春宏，2002；乔永，2006 等），一般认为典型的成语是那些具有历史性、书面性的四字格。但是，这些标准多数是语义的标准，往往仁者见仁、智者见智。在我们看来，四字格成语的鉴别标准不在于这个四字形式有没有典故，有没有历史传承性，也不在于是否是"社会上流行的语句"[①]，鉴定四字格成语的形式标准应该是这一四字形式的韵律，即它的重音模式。凡是符合 [0213] 这一重音模式的四字格都是成语，凡是四字格成语都采用 [0213] 这一重音模式。这样一来，以往对一个四字形式是否归属成语的困扰与争议，就能在汉语的韵律系统中找到解决之道。

二、"拆补式"四字格的重音推导过程

上面我们已经对 [X1X2] 这一重音模式做了详细的推导说明，那么，[1XX2] 这一重音模式又是怎样在"拆补式"四字格结构的韵律词中实现的呢？我们先来看 [AB] 的重音形式：

---

① 语出方绳辉（1943）《成语和成语的运用》（载《国文杂志》3 卷 2 期）。

（24）轻　重
　　　A　B
　　　上　下

拆补式复合韵律词是将一个韵律词的两个成分"一分为二"，然后再以各部分为基础组成一个音步，即：

（25）轻　　　　重
　　　｜　　　　｜
　　[X上]　　[X下]

因为"轻"与"重"相辅相成，所以如果 [XA] 中的"A"要是"轻"的话，那么 X 位置上的成分就必须"重"，这样才能构成一个合法的音步，亦即：

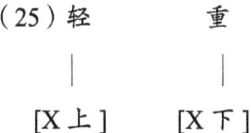

同理，如果 [XB] 的"B"是"重"的话，那么 X 的位置一定得"轻"，亦即：

因此，填补之后的 [XA] 和 [XB] 的重音结构是：

（28）重　轻　　　轻　重
　　　｜　｜　　　｜　｜
　　[七　上]　　[八　下]

拆补式复合韵律词也是一个独立的韵律单位，因此 [[重轻]

[轻重]]这两个音步的轻重关系必须再进行调整,也即"左轻右重":

(29)

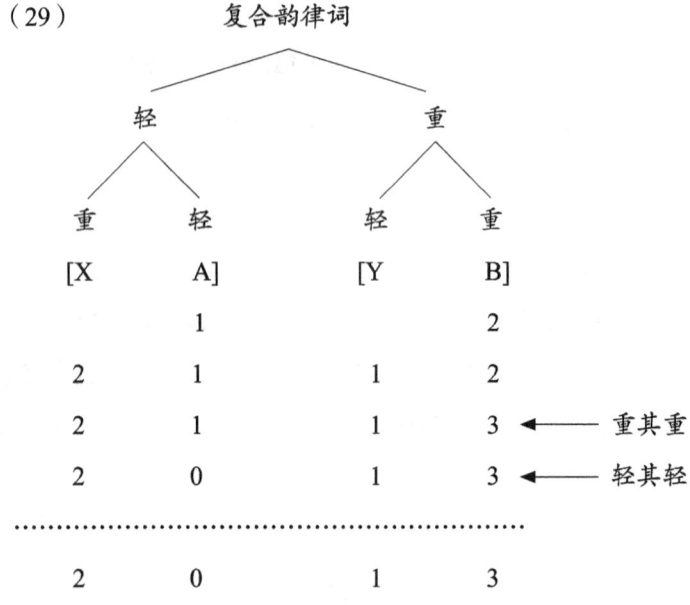

根据以上推导,拆补式的标准重音结构是[2013],跟传统的[中轻轻重]形式等值。通过前面的论述,我们知道[0213]这一重音模式多用于正式的场合和庄重的词汇,而[2013]一般是口语形式的四字格才采用的重音模式,一般用于随意打趣的场合。①

三、AABB 重叠四字格的重音推导过程

按照冯胜利(1997)的分析,AABB 重叠四字格的句法结构可以分析成[[AA] [BB]]合并式,也有些可以分析成[A[AB]B]拆

---
① 相关内容在本书第四章会有详细的论述。

补式。我们下面分别从这两种结构入手推导 AABB 的重音模式[①]。

当 AABB 的结构分析为合并式 [[AA] [BB]] 时,由于 AB 中 B 是否是轻声会影响到 [AA] 和 [BB] 的轻重关系,因此根据 B 是否轻声分为两种情况讨论。当 B 为轻声时,[AA] 和 [BB] 的轻重关系为 [AA] 重,此时 [AA] 为重轻格,[BB] 为轻重格。根据"重音调整原则"调整后得到拆补式重音 [2XX1]([3102]),如"别别扭扭""凑凑合合"。当 B 不是轻声时,[AA] 和 [BB] 的轻重关系为 [BB] 重,此时 [AA] 和 [BB] 都为轻重格。按照"重音调整原则"调整后得到合并式重音 [X1X2]([0213]),如"匆匆忙忙""开开心心"。具体图示如下:

(30)

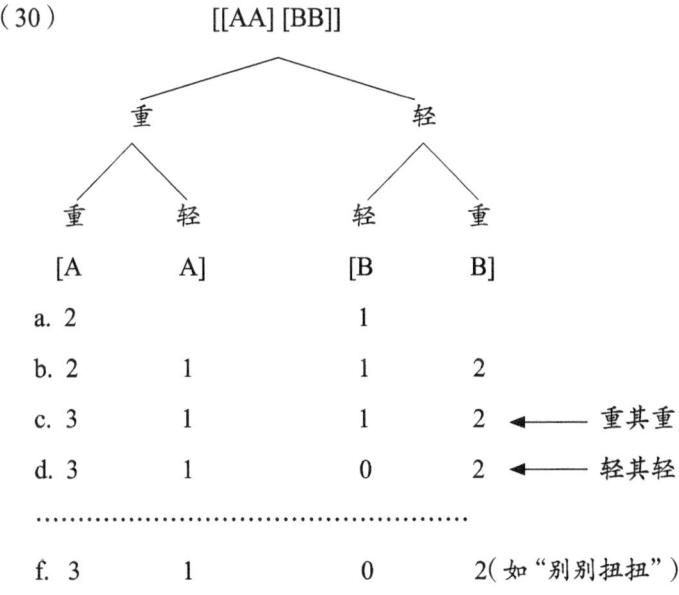

---

① 有关 AABB 的重音模式,李明(1996)、冯胜利(1997)、马庆株(2000)、崔四行(2012)等都有研究。下面有关 AABB 重音模式的推导,主要参考崔四行(2012)。

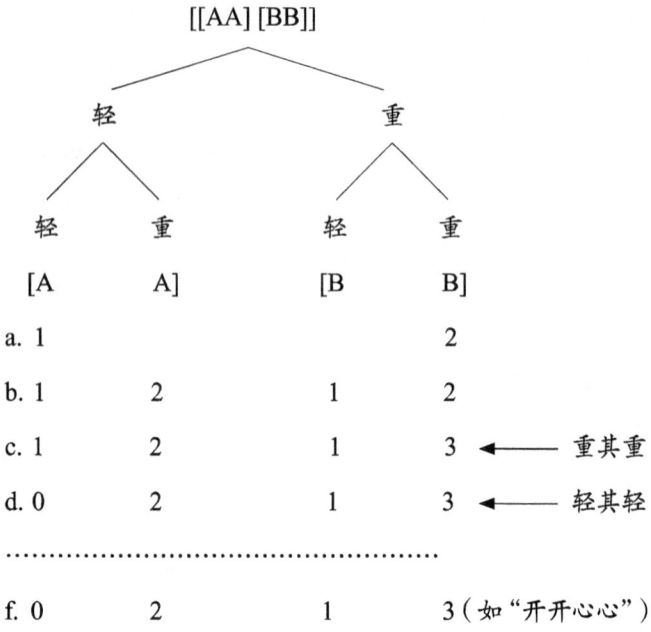

当 AABB 的结构分析为 [A[AB]B] 拆补式时,同样要区分 B 是否轻声。当 B 为轻声时,[AB] 为重轻格,此时 A 和 B 的轻重关系为 A 重①。按照"重其 A,轻其 B"之后得到的重音模式是 [2XX1]([3102]),属拆补式重音。当 B 不是轻声时,[AB] 为轻重格,此时 A 和 B 的轻重关系亦为 A 重。按照"重其 A,轻其 B"之后得到的重音模式是 [1XX2]([2013])。

---

① 当 B 重时,推导出的重音模式为 [12XX]([2310]),这不符合母语者语感,故而删除。

(31)

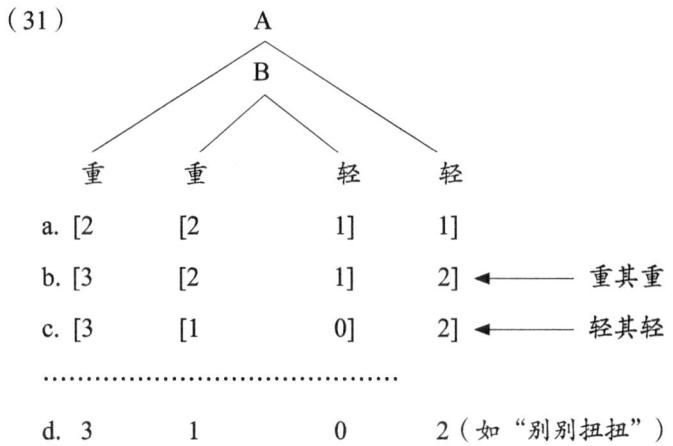

d.　3　　1　　0　　2（如"别别扭扭"）

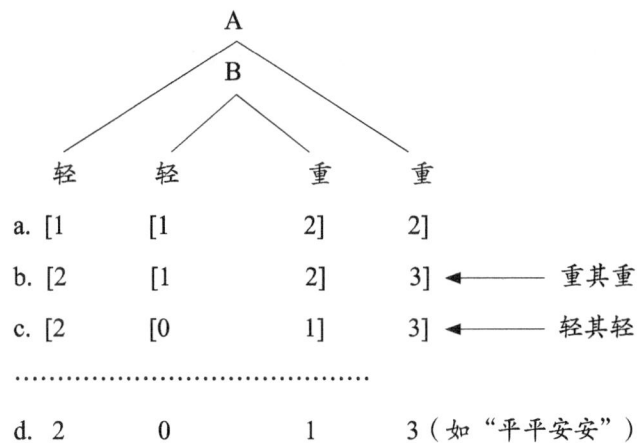

d.　2　　0　　1　　3（如"平平安安"）

综合以上的分析，AABB 分析为合并式结构时，有两种重音模式：一是拆补式重音 [2XX1]（[3102]），如"别别扭扭"，此时 B 是轻声；二是合并式重音 [X1X2]（[0213]），如"开开心心"，此时 B 不是轻声。AABB 分析为拆补结构时，其重音模式都为拆补式重音，一种是 [2XX1]（[3102]），如"别别扭扭"，此时 B

是轻声；一种是 [1XX2]（[2013]），此时 B 不是轻声，如"平平安安"。

思考与练习

1. 请简述以下四字格有何不同。

   铜墙铁壁　丑不拉几　高高兴兴

   一衣带水　坚不可摧　而立之年

2. 四字格的两种基本组合方式是什么？请举例说明。

3. "七上八下""横七竖八"这两个四字格形式有何异同？

4. 请用"重音调整原则"推导出"铜墙铁壁"和"丑不拉几"的重音。

5. 请用"重音调整原则"推导出"干干净净"这一重叠形式的重音。

第四章

四字格的语体功能

第一节　四字格的几种不同语体表现

在开始本章的讨论之前，我们不妨来看两类不同重音模式的四字格。下面是采用 [0213] 型重音模式的四字格的一些例子（首字母大写表示"次重"，全部字母大写表示"重读"）：

（1）一衣带水　yi　Yi　dai　SHUI
　　　别出心裁　bie　Chu　xin　CAI
　　　西哈努克　xi　Ha　nu　KE
　　　珠穆朗玛　zhu　Mu　lang　MA

下面是采用 [2013] 型重音模式的四字格的一些例子：

（2）乱七八糟　Luan　qi　ba　ZAO
　　　糊里糊涂　Hu　li　hu　TU
　　　噼里啪啦　Pi　li　pa　LA
　　　吊儿郎当　Diao　er　lang　DANG

这两类四字格对应的语言使用功能是绝对不一样的。如果"一衣带水"这个成语念成"Yi yi dai SHUI"，不免带些故意歪曲、戏谑的色彩；如果"西哈努克"这个四字人名念成"Xi ha nu KE"，那就有失尊重。可见，不同重音的四字格各自有着不同的功用。

本章的内容就是通过语用区别这一角度来介绍四字格的语体

功能。① 在介绍四字格的语体功能之前，也许有人会问"什么是语体""什么是语体功能"等涉及基本概念的问题。近年来，语言学中的"语体"研究领域，产生了"语体语法""语体与文体的关系""语体的文学功能"等有意思的研究议题。② 人们在话语交际时要遵循很多基本原则，语体的"体"指的就是说话者和听话者在交际时遵循的原则与规律。交际的对象、内容、场合以及说话者的态度，决定了语体无时不在，可谓"没有没有语体的话语现象"（冯胜利，2010）。因此，"语体功能"指的是人们在说话时，根据交际对象、内容、场合以及听说者态度所选取的、决定交际关系（亲疏、远近或 [±正式] / [±庄典]）的语言形式的表意能力（冯胜利，2012）。根据冯胜利的相关研究，"正式/非正式""典雅/通俗"是语体结构中二元对立的两对基本范畴，具体示解如下：

(3) 正式与非正式的语体交际功能

　　正式（严肃）= 拉远距离

　　非正式（随便）= 拉近距离

(4) 典雅与通俗的语体交际功能

　　典雅（教育程度高深）= 拉高距离

　　通俗（文化水平浅显）= 拉平距离

---

① 这部分内容对留学生习得汉语四字格会有较大帮助，能增强他们在不同场合使用四字格的准确性。
② 感兴趣的读者可以查阅冯胜利先生近年来围绕"语体"所做的相关研究，如《论语体的机制及其语法属性》（2010）、《语体语法及其文学功能》（2011）、《语体语法："形式—功能对应律"的语言探索》（2012）等。本节与语体研究相关的内容介绍，主要是基于冯胜利先生的研究，如有引证的必要，会一一标明具体出处。

可见，从水平的或共时的角度以及从亲昵和敬畏的对立上拉开距离，不等于从高低或从历时的角度以及从卑下和尊贵的对立拉开距离。前者属于正式与非正式的语体范畴，后者属于典雅与通俗的语体范畴。据此，不难推导出语体语法的基本结构是由俗常、正式、庄典三者组成的理论体系。语体结构可以示意如下（冯胜利，2010）：

（5）

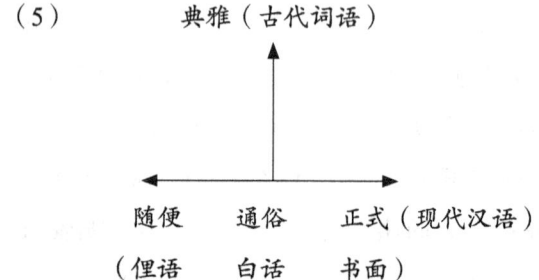

在这个语体坐标系中，正式系统有正负两极（正式与随便），在正负之间是既不正式也不随便的中性零度语体（亦即通俗体或白话体）。典雅系统则没有"以通俗为中性，而与典雅相反的对立体"。这也是预期的结果，因为"典雅/便俗"是就古今而言，所谓"便俗"是就当代语而言，而所谓"典雅"则是就今语中的古代成分而言。今古已然对立，所以不可能再以今为轴而形成过去与将来的对立。这个坐标系反映了语体范畴的基本结构。

在了解了这些基本概念之后，我们再来看以下三组相关例子：

（6）非正式体

  a. 我知道你不喜欢别人<u>连名带姓</u>地称呼你，对吧？

         （CCL现代汉语语料库）

  b. 不知道，没听说。她来是不是有别的事呵？管她呢，

爱来不来。(同上)

c. 咱是亲戚不假，但公是公，私是私，亲归亲，法归法，哪能稀里糊涂往一块儿掺。(同上)

d. 美国人一向对军警和权力吊儿郎当，不当一回事。

(同上)

(7) 正式体

a. 物质匮乏的时代一去不返，老百姓的文化追求也水涨船高。(CCL 现代汉语语料库)

b.《红楼梦》是中国家喻户晓的古典文学名著，成书于 18 世纪中叶。(同上)

c. 杨永新的倒行逆施，决定了他身败名裂的下场。

(同上)

d. 在她的记忆中，父母对她的学习、生活不闻不问。

(同上)

(8) 典雅体

a. 这几部贯通中外古今的著作博大精深、壁立千仞，不禁令人生高山仰止之叹。(CCL 现代汉语语料库)

b. 索马里维和行动失败的殷鉴不远，余痛尤在。(同上)

c. 就在他进退维谷之际，当初那个献策者，又如此这般地给他面授机宜。(同上)

根据我们在第二章对汉语韵律构词系统的介绍，韵律词组和复合韵律词之间的一个显著区别就是前者有一个明显可感知到的停顿"#"。根据这一判断标准，(6a)(6b) 中的"连名带姓""爱来不来",是由两个韵律词组成的韵律词组（或韵律短语）。这类四字格倾向于在口语非正式语体中使用,并且使用频率还很高。比如,"连名带姓""爱来不来"还形成了"连A带B""爱A不A"这样一类口语中固定的嵌套格式。

根据我们在第三章对四字格的基本组合方式以及两种重音模式的介绍,(6c)(6d)的"稀里糊涂""吊儿郎当"是重音模式为[2013]的拆补式四字格,这类四字格一般只能用于随意、轻松、诙谐的语用场合,而很少用在正式、严肃、庄重的场合。

(7a)~(7d)中的四字格是书面正式语体中常见的四字格形式,(8a)~(8c)则是古典成语四字格形式。(7)与(8)各例尽管都是成语四字格形式,都采用[0213]的重音模式,但是二者在语体上还是有区别的。例(7)的四字格常用在书面正式语体之中;例(8)的各例古语今用,主要目的是为了增加文章的"雅气",也凸显出作者的文学文化修养,这类四字格常用在典雅语体之中。

通过以上各例的分析,我们不难发现四字格内部存在着几种不同的语体功能。[1]四字格具有强大的表达能力,从"爱来不来""稀里糊涂"一类日常口语化的四字格,到"水涨船高""家喻户晓"一类属于书面正式语体的四字格,再到"高山仰止""殷

---

[1] 有文章认为着眼于人们将四字格应用于话语结构中的交际作用,四字格可分为"描述性四字格"与"引证性四字格"。前者基本的语用功能是对客观事实和客观对象进行描述,后者用作对实践性经验和规律性认识的引证(徐国庆,1999）。显然,这种分类基本上是基于语义的,与这里所介绍的基于语体功能的分类相去甚远。四字格的两种不同语体功能（正式/非正式、典雅/通俗）,冯胜利早在1997年《汉语的韵律、词法与句法》一书中就已经论及。

鉴不远"一类典雅体四字格,四字格在汉语词汇表达系统中涉猎之广、表意之多,几乎没有一种其他形式能够取而代之。

第二节 四字格不同语体功能的韵律表征

我们已经介绍了四字格的两种不同语体功能的分类,并且这一分类还与四字格的重音模式密切相关。那么,四字格的不同语体功能与重音模式这二者之间存在怎样的关联?又是什么因素让这二者关联起来?

当代语言学不仅要充分描写语言现象,更要在描写的基础之上进一步解释现象背后的深层原因。我们知道,自索绪尔以来,"人类语言声音和意义结合的任意性(the relationship between sounds and meanings is arbitrary)"就获得语言学界的广泛认同。例如,为什么"手"在汉语里叫"手",到了英语非得说"hand";"脚"在汉语里叫"脚",到了英语非得说"foot"?可见,没有索绪尔的"音义任意性",就不足以解释为什么人类语言可以用不同的声音指称同样的事物。然而,语言中还有很多形式与其功能之间似乎冥冥之中具有某种对应性。一个众所周知的例子是,所有的语言在用语调表示语气时,毫无例外地用高调或者升调表示疑问,用低调或降调表示陈述。例如:

(9)"你去↗"——疑问
"你去↘"——陈述

朱晓农(2004)认为这可以从动物行为学(ethology)中找

到原因：高调与"小体型发声者"这样一种基本含义联系在一起，然后派生出"下属、弱势、屈从、无威胁、讨好、想要对方善待"等含义；低调则与"大个儿发声者"相关，其次是"统领、侵犯性、有威胁"等派生含义。可见，为什么语言符号呈现出这样的有序性而不是那样的有序性，并不是空穴来风、无据可查。类似的"音义对应性"不仅仅是某一种巧合，巧合之中也可能蕴藏着必然性的规律，而这些必然性的规律又很可能揭示出另外一片新的天地。①

冯胜利（2012）从语体语法的角度，专门探讨了汉语中的"形式—功能对应律"，他认为形式的功能也具有生理或生物的先天性。例如：

（10）声音：发声细高＝亲昵

　　　　发声低粗＝悲恸

　　　节律：悬差律＝轻谐

　　　　平稳律＝典正

这是从声音的属性和结构（元音、声调）来看它们的"表意"或"象征"功能。这么看来，某种功能选择某种形式不是偶然的，而是必然如此。"水涨船高""家喻户晓""高山仰止"一类的四字格成语，重音模式为[0213]，一般用于书面正式语体；而"稀里糊涂""吊儿郎当""噼里啪啦"这类四字格，风格轻松随意，重音模式为[2013]，则常用于非正式的口语场合。四字格内部语

---

① 学术界关于语言的理据性和任意性问题有过不少争论，感兴趣的读者可以参看王艾录、司富珍《语言理据研究》一书的相关介绍。

体风格不同的两类，对应的是重音模式不同的两类。如果说语体功能伴随着人们对话交际的始末，那么不同的韵律形式就是为实现不同的语体功能而配置的。因此，用"形式—功能对应律"来看，韵律就是实现语体功能的有效手段。

以重音模式为 [2013]（中轻轻重）的四字格为例，[2013] 式的节律落差很大，叫作悬差律。悬差律表达的是一种轻松、诙谐的意味，只能用于随意的场合，在任何一种语言中都不能用于正式、庄典的场合。冯胜利（2012）举了一首英文打油诗（limerick）的例子：

（11）a. ws|wws|wws|w　　　There was / a young la/dy of Ni/ger
　　　b. ws|wws|wws|w　　　Who smiled / as she rode /on a ti/ger
　　　c. wws|wws|　　　　　they returned / from the ride
　　　d. wws|wws|　　　　　with the la/dy inside
　　　e. wws|wws|wws|w　　（And) the smile / on the face / of the ti/ger.

这种 /wws/（轻轻重）型节律固有一种内在的诙谐意味，正如 Laurence Perrine（1963: 200）所说："那些轻快诱人的节奏及其强调性韵脚，使得它们只用于幽默和逗笑的场合……而不适用于表达严肃的内容。"汉语重音模式为 [2013]（中轻轻重）的四字格与悬差律密切相关，一般用于随意、打趣的口语形式；重音模式为 [0213]（轻中轻重）的四字格对应的则是平稳律。可见，不同的重音模式有不同的功用。从这一角度来讲，声音与意义这二者之间的关系，岂能是一个"任意性"所能涵盖。

至于由一组轻重音节重复构成的韵律词组,它的语法结构和韵律结构往往相对松散,较常在口语非正式语体中使用。以"有吃有喝""爱理不理"这两个韵律词组为例:

(12)二爷哼了一声:"山上有吃有喝,享不尽的福,倒说过不惯,真不知好歹。"(CCL现代汉语语料库)

(13)有句顺口溜对这些人作了描述:"下乡坐小车,有吃又有喝,啥事没解决,基层直哆嗦。"(同上)

(14)"那地方他搞了一个宾馆,有吃有喝有玩。"(同上)

例(14)说明"有吃有喝"是一个很开放的联合式结构,还可以后加语义相关的多个"有V",比如"有吃有喝有玩""有吃有喝有唠"。例(13)则说明"有吃有喝"内部还可以加入其他语法成分,结构相对松散。我们在第一章已经对四字格作出界定,(12)~(14)这些例子说明"有吃有喝"还不是真正意义上的四字格。

(15)还有一次,儿媳下班回来满脸不高兴,对老人态度冷淡,爱理不理的。(CCL现代汉语语料库)

(16)营业员爱理不理地瞥了我一眼,就掉过头去继续往架子上摆洗发药。(同上)

(17)那人吃一惊,站住脚把孟二楞斜瞟一眼,爱理不理地又要往前走。(同上)

"爱理不理"也较常在口语非正式语体中使用。与以上形成鲜明对比的是,成语四字格一般都具有古朴典雅的色彩,所以都采用[0213](轻中轻重)的重音模式,这种节律比较平稳,一般也多用于正式、庄重的场合。事实上,合并式重音和拆补式重音并不共存于一种语体，两者具有区别语体的功能。合并式重音主要用于书面正式语体，而拆补式重音则主要用于口语语体（冯胜利，1997；崔四行，2012）。可见，四字格内部的两类重音模式各司其职，各有功能，绝不能错乱。这背后反映的正是"形式—功能对应律"，四字格的一种韵律形式表达的是相对应的一种语体功能，不同的语体功能则对应不同的韵律形式。冯胜利（2010）指出，"语体不同则语法因之而异"，"语体离开语法、词汇将无从表现，语法、词汇离开语体亦将一团乱麻"。若果真如此，那么不同的重音模式对应不同的语体，这本身也是语体语法的要求使然。

思考与练习

1. 四字格有哪两种语体功能，对应的语音形式各是什么？
2. 请举5个重音模式为 [2013] 的四字格，并改用 [0213] 的重音模式念这些四字格，体会这两种重音模式的不同；另举5个重音模式为 [0213] 的四字格，并改用 [2013] 的重音模式念这些四字格，体会这两种重音模式的不同。
3. 你对索绪尔的"音义任意性"怎么看？你又如何看待"形式—功能对应律"？

第五章

四字格的句法功能

第一节　四字格的句法位置分析

　　四字格在句法上的位置有无特殊的规定？以往的研究通常比较关注四字格的意义、来源、修辞结构等，较少关注四字格的句法位置与句法功能。进入 21 世纪以来，随着对外汉语教学事业的发展，为了解决留学生成语使用中频发的各种偏误现象，一些学者开始关注成语的句法位置与句法功能的研究。例如，周国光（2002）分析了留学生使用"合情合理"与"偏听偏信"这对成语的对立情况，指出二者在句法功能、语义功能和表达功能上的区别，并结合朱德熙先生的指称性主语和陈述性主语理论，解释了造成二者对立的原因。在此文中，周国光还进一步提出了成语的语法研究和建立成语语法学的有关想法。王若江（2001）、洪波（2003a）则从更广泛的留学生学习汉语成语的偏误入手，列举了留学生一些常见的成语使用偏误现象，提出要重视成语语法功能和句法功能的研究与教学。夏秀文（2009）则利用北京大学汉语语言学研究中心的现代汉语语料库，对《汉语水平词汇与汉字等级大纲》中成语的语法功能进行了分析，将其功能按照原型理论分成 6 类：定语性成语、状语性成语、宾语性成语、谓语性成语、补语性成语和插入性成语，并讨论了各类成语的具体语法功能。总体而言，四字格的句法功能研究仍有待进一步深入。

从语言学的角度来描写四字格的句法位置与句法功能，探究四字格内部语法属性的不同类别，并对四字格的一些特殊句法现象作出合理解释，十分有必要。四字格在句中通常能充当句子的主语、谓语、宾语、定语、状语与补语等多种成分，下面我们举例来说明。

一、做主语

（1）两千年以前，最令人骄傲的<u>豪言壮语</u>是："我是罗马公民。"
（CCL 现代汉语语料库）
（2）革命者的<u>铮铮铁骨</u>是他杂文的主体结构。（同上）
（3）<u>千军万马</u>从祖国各地汇聚在这里，拉开了开发攀枝花的序幕。（同上）
（4）火炉早着荒了，你怎么还不做饭去？<u>高谈阔论</u>能当饭吃吗？（同上）

做主语的四字格一般是体词性的，但是也不排除像例（4）这种谓词性四字格"指称化"后做主语的情况。有学者认为成语可分为体词性成语和谓词性成语，其下位类型有名词性成语、动词性成语和形容词性成语三种（张永芳，1999；洪波，2003a；夏秀文，2009）。为了方便称呼，我们将"豪言壮语""铮铮铁骨"一类绝对不能充当谓语的四字格，叫作名词性四字格；将"连蹦带跳""高谈阔论"一类能充当谓语的四字格，叫作动词性四字格。一般说来，动词性四字格的主语性较弱，不常做主语。① 名词性四字格充当的主语，在句子中是陈述的对象，与一般词充当句子主语的情形类似。

二、做谓语

(5) 王雄也围着丽儿，<u>连蹦带跳</u>，不停地拍着他那双大手掌。(CCL现代汉语语料库)

(6) ……并相继与青岛铁路局、天津龙门大厦等单位签订了代理协议，从而使国内与国际两个市场并驾齐驱，<u>比翼双飞</u>。(同上)

(7) 一天，在巴黎接待记者下榻的斯诺里旅馆，萧乾与老朋友斯诺<u>不期而遇</u>。(同上)

(8) 美国老是喜欢对别国人权状况<u>评头论足</u>。(同上)

有些动词性四字格经常可以单独做谓语，如例(5)，类似的四字格还有"层出不穷""川流不息""发愤图强""改邪归正""思前想后"等。大多数动词性四字格都不能后带宾语（冯胜利，2006；朱丽芳，2008；夏秀文，2009；王俊毅，2011；贾林华，

---

① 洪波(2003a)概括了谓词性成语当主语的出现条件：一是谓语由判断动词"是"做述语；二是谓语由使令动词充当述语并构成兼语词组；三是谓语是形容词或形容词性词组，在这种情况下，一般是用来比较的。除了对谓语有特定的要求外，谓词性成语做主语一般要求带有定语。而且，绝大多数做主语的谓词性成语带有描述性。大体上可以表述为：(定语)+谓词性成语+是/使、让、令、把/形容词或形容词词组。综合我们这里的例(4)，还应该加上一种情况：当"能、会"等能愿动词出现在述语部分时，也可出现谓词性成语做主语的情况。例如："因此，医学研究中不负责任的弄虚作假会危害到普通患者的生命安全。"(CCL现代汉语语料库)

2014等），我们在下一节中还会详述。

三、做宾语

（9）我和她算了一笔账，现在出去赚钱，她没有<u>一技之长</u>，只能干低工资的活儿。（CCL现代汉语语料库）

（10）不是他们不相信医生的诊断，而是医生们建议最好让李铁一教授看看，到那儿就算<u>一锤定音</u>了。（同上）

（11）创业冲动就是源于崇尚自由，不喜欢<u>千篇一律</u>。（同上）

（12）一百五十步以内，说打头就是头，说打肚就是肚，真是<u>百发百中</u>。（同上）

（13）生活不会<u>一帆风顺</u>，夫妻间也不可能事事合作，有时你难免发火，他（她）也会变得烦恼。（同上）

（14）待清晨5点一过，黑压压的人山人海就从<u>四面八方</u>蜂拥（至）中央银行门前，争取优先兑换。（同上）

除了例（14）"四面八方"是做介词的宾语以外，其余各例中的四字格都是做动词的宾语。一般而言，如果是动词性四字格做宾语，大多要求是动作性不强的心理动词（如"喜欢"）或抽象动词（如"没有""算""是""会"）来做句子的谓语。

四、做定语

（15）可以说，在广州寿星大厦，凡有<u>一技之长</u>的老人，都能大显身手。（CCL现代汉语语料库）

（16）<u>风靡一时</u>的电影，只被当作市井小民的娱乐品，有身

份的人士不会买票入座。(同上)

(17) 盘问之下,女儿才告诉我她学坏了,不但吸毒,还和不三不四的男孩子在一起鬼混。(同上)

(18) 朋友们再也看不到她走路大步流星的样子。(同上)

(19) 中国经过 20 多年的不懈努力,在环境保护方面取得了举世瞩目的成就。(同上)

(20) 格兰特先生亲眼目睹了旧中国变成欣欣向荣的新国家的巨大变化。(同上)

(21) 每期读完,都有祖国山川壮丽、各地民俗风情丰富、社会欣欣向荣之感。(同上)

(22) 然而相同的经历,相似的境遇,令我大发同病相怜之感慨。(同上)

充当定语是各类四字格的主要句法功能之一,无论是名词性四字格,还是动词性四字格,都可以充当定语。夏秀文(2009)考察了成语做定语所修饰的中心语的特点,她认为定语性成语所修饰的中心语大多由表示抽象事物的名词充当。实际上,也有不少定语性成语所修饰的中心语由非抽象名词充当。

我们知道,多数情况下,汉语的定语和中心语之间会有一个很明显的形式标志"的"。除此之外,有些定语和中心语之间还可以用古汉语词汇"之",如例(21)(22)。充当定语的四字格和它的中心语之间用"之"时,后面除了是单音节名词之外,也可以是双音节名词,但鲜见多音节名词。

成语四字格做定语修饰中心语时,中间都要加定语标志

"的"(冯胜利，2006)。夏秀文(2009)认为有时定语性成语与中心语之间可以不加连接词，但是在文中她未举出具体的例子。①

五、做状语

（23）我不卑不亢地说："对不起，我不能留联系方式。"

（CCL 现代汉语语料库）

（24）我战战兢兢地给他写了封信，请求借用其中一小间，供我岳母暂住。(同上)

（25）父亲又抬起疲倦的眼皮，和母亲一样提心吊胆地听着，几乎屏住了呼吸。(同上)

（26）又过了一会儿，姑娘才从容不迫地将小包拾起，放进袖子里。(同上)

（27）宋子文此后三番五次地向蒋介石请求尽快释放张学良，结果却遭了蒋介石的白眼，令他十分伤心。(同上)

动词性四字格最常做句中的状语，多用来描述动作的方式与情状，如例（23）~（27）。冯胜利(2006)提出四字格做状语修饰动词时，它的后面必须带"地"。朱丽芳(2008)则发现一般是动作性较弱或者区别性特征较强的动词性成语充当状语，且多

---

① 语料库也可见这类例子，例如："电报说，这是他阔别 17 年后再次访突，时间虽然短暂，但突尼斯在本·阿里总统的领导下，政治稳定、经济发展的欣欣向荣景象给他留下了深刻而美好的印象。"（CCL 现代汉语语料库）"*眺望大厦四周，十一世班禅被日喀则市欣欣向荣景象深深吸引，兴奋得久久不肯离去。"(CCL 现代汉语语料库) 这类定语性成语与中心语之间不出现"的"的情况，虽然有一些，但是例子很少，有些还不合语感，当然合语感的特例仍需深入研究。

是联合结构。动词性成语充当状语可以有带"地"与不带"地"两种形式,而后一种形式极为少见。例如:

(28) 人们并不会满足于有缺陷的理论,总要<u>想方设法</u>寻找到更加可靠的物理学理论。

六、做补语

(29) 最近又传言,大选前夕金边将发生暴力事件,弄得<u>人心惶惶</u>。(CCL 现代汉语语料库)

(30) 这场头鱼宴闹得<u>不欢而散</u>。(同上)

(31) 宫里宫外的人看见了,都笑得<u>前俯后仰</u>。(同上)

(32) 从此,银环变了个人似的,把作为女人的贞操、廉耻忘得<u>一干二净</u>。(同上)

(33) 事实证明,哪里的领导班子坚强有力,哪里的工作就开展得<u>有声有色</u>、<u>扎扎实实</u>。(同上)

如上例所示,做补语的四字格主要用来补充说明谓语所达到的程度或结果,其中补语标记"得"必不可少。汤廷池(1989)指出动词与补语的分量越重,在句尾的位置出现的可能性也越大。换言之,汉语补语标记"得"之后最青睐的是韵律上的重型成分。试比较:

(34) *她急得<u>喘</u>。

(35) *她急得<u>喘气</u>。

(36) 她急得<u>直喘气</u>。

(37) 她急得<u>气喘吁吁</u>。

当补语标记"得"后是动词时,即使是双音动词"喘气",例(35)也不合法,更遑论光杆动词了,见例(34)。只有当补语标记"得"后的动词得到副词、助词等修饰时,句子才变得容易接受。如例(36),当双音动词"喘气"得到副词"直"修饰时,句子就是合法的。有意思的是,当补语标记"得"的后面是四字格时,就无需任何修饰,如例(37)。相较之下,以上这些例子或许可以说是韵律分量上的加重,才能最后得到合法的句子。可见,补语标记"得"后面的四字格是天生的完美的"殿后"成分。以韵律句法学看来,这与四字格是韵律上的重型单位密切相关(冯胜利,2006)。动词性四字格在句法位置上的类似现象及相关解释,将在下一节详述。

第二节 动词性成语与后带宾语的冲突性

在上一节中,我们已经介绍了四字格在句中的一些常见语法位置,并对不同类型四字格出现的句法特征及限制做了一些简要说明。本节,我们首先来介绍已被汉语学界认识的一种重要句法现象——"动词性成语一般不能后带宾语",在此基础之上,我们重点介绍韵律句法学对这一现象的相关解释。

我们不妨先来看一些相关的例子:

(38)a. 父亲对孩子的功课从来<u>不闻不问</u>。(冯胜利,2006)
　　b. *父亲从来<u>不闻不问</u>孩子的功课。
(39)a. 他对文物收藏<u>孜孜以求</u>,倾注了毕生精力。(自拟)

b. *他孜孜以求文物收藏，倾注了毕生精力。

（40）a. 人们对于转基因食品的安全性忧心忡忡。（自拟）

b. *人们忧心忡忡转基因食品的安全性。

（41）a. 奥大维先生愉快地接受了森达人的邀请，却对合作之事不置可否。（CCL现代汉语语料库）

b. *奥大维先生愉快地接受了森达人的邀请，却不置可否合作之事。

（42）a. 虽然很多人对冯小刚的电影嗤之以鼻，但不可否定的是他的电影已经具有"品牌效应"。（CCL现代汉语语料库）

b. *虽然很多人嗤之以鼻冯小刚的电影，但不可否定的是他的电影已经具有"品牌效应"。

（43）a. 海峡对岸的欧重信同样是一个自小就崇拜老舍先生的人，对老舍的作品百读不厌。

（CCL现代汉语语料库）

b. *海峡对岸的欧重信同样是一个自小就崇拜老舍先生的人，百读不厌老舍的作品。

（44）a. 我们现在非常谨慎，对成本精打细算。

（CCL现代汉语语料库）

b. *我们现在非常谨慎，精打细算成本。

（45）a. 她笔下的委婉清丽融会于激烈的动作、血腥的冲突之中，不得不又一次使人对这位恬静清秀的女作家刮目相看！（CCL现代汉语语料库）

b. *她笔下的委婉清丽融会于激烈的动作、血腥的冲突之中，不得不又一次使人刮目相看这位恬静清秀的女作家！

（46）a. 整个上午，梅吉都是在恐惧和昏昏然的状态中度过的，对周围的一切<u>听而不闻</u>、<u>视而不见</u>。

（CCL 现代汉语语料库）

b. *整个上午，梅吉都是在恐惧和昏昏然的状态中度过的，<u>听而不闻</u>、<u>视而不见</u>周围的一切。

（47）a. 按照正常人的想法，当然应该是在贫寒中对刘询<u>不离不弃</u>的结发之妻许平君，更何况她还生下了孩子。

（CCL 现代汉语语料库）

b. *按照正常人的想法，当然应该是在贫寒中<u>不离不弃</u>刘询的结发之妻许平君，更何况她还生下了孩子。

显而易见，(38b)~(47b) 表明动词性成语倾向于不能携带宾语。如果动词性成语都不能带宾语，那么一旦有宾语要出现，就必须通过介词结构"对+NP"把宾语提前。以（38）为例，"闻"与"问"需要相应的对象宾语，但是这个宾语不能出现在"不闻不问"的后面，而必须通过介词结构提前，否则句子便不合法。总而言之，这是一种非常怪异的语法现象。

这一不同寻常的语法现象，汉语学界也已有所关注。姚鹏慈（1985）较早指出："一个动词倘若本身已经带有宾语，那么做句子的谓语时，一般就不能再携带宾语了。如果遇到意念上的宾语，要用介词提前。"国家汉语水平考试委员会办公室考试中心在 2001 年编写的《汉语水平词汇与汉字等级大纲（修订本）》中也已经指出：动词性成语不能带宾语。洪波（2003a）认为动词性成语充当谓语时，表义完整的动词性成语往往直接做谓语，且不带宾语；有的动词性成语做谓语时必须用介词结构把意念上的宾语提前，这些成语往往表示一种态度或一种判断，比如"不以为然"。韩启振（2005）指出："动词性成语一般不能带受事宾语，能带受事宾语的数量极少。"朱丽芳（2008）、夏秀文（2009）都认为谓词性成语很少与程度副词连用，也很少带宾语。这些研究都揭示了动词性成语与其宾语间句法关系的特殊性。

冯胜利（2006）通过对及物性成语的句法位置进行分析，发现可以用下面这个公式来保证使用及物性成语时不犯语法上的错误。具体请看：

（48）Subject [XXXX] Object → Subject 对 Object [XXXX]

*他的父母 [不闻不问] 孩子　他的父母 对孩子 [不闻不问]

"动词性成语一般不能后带宾语"这一语法现象被提出之后，也有一些研究开始着眼于数量上的分析，以此来佐证这一观点。比如，朱丽芳（2008）在其硕士论文《动词性成语语法语用功能初探》中，对北大CCL现代汉语语料库中的2583个动词性成语进行了是否带宾语的检索统计，所得百分比如表5-1所示。

表5-1

动词性成语（2583）	数目（个）	百分比（%）
带宾语	46	1.8%
不带宾语	2537	98.2%

通过表5-1的数据，我们不难得出绝大多数的动词性成语都不能带宾语这个结论。洪波（2003a）总结了少数的动词性成语可以带宾语的现象，他认为表义不完整的动词性成语做谓语时往

往带宾语，比如状心结构的成语，若"心"是有具体动作意的动词，则可带宾语，如"谆谆告诫"。朱丽芳（2008）在文中也指出，除极少数成语（"一语道破""念念不忘""大声疾呼"等）带宾语频率较高之外，其他能带宾语的动词性成语在语料中带宾语的频率也不高。她对这些可带宾语的动词性成语用例做了归纳统计，具体如表 5-2 所示。

表 5-2

	动词性成语	结构	用例
1	一气呵成	偏正式	先生取来笔墨纸砚，悬腕运笔，一气呵成四个大字：好人难活。
2	一手包办	偏正式	艾哈德则是"内当家"，一手包办经济事务。
3	一挥而就	偏正式	李老先生将就残墨，一挥而就一个"龙"字。
4	一笔勾销	偏正式	他干干净净正式一笔勾销这段感情。
5	一语道破	偏正式	南京一家日报的副总编一语道破天机。
6	不期而遇	偏正式	因此，不期而遇这样的山水，不由得怦然心动。
7	不屑一顾	偏正式	*电脑界最大的弊端是仅靠技术为驱动力，他们不屑一顾用户的意见。
8	和盘托出	偏正式	面对父母及亲友的不理解，陈家玲和盘托出了心里话。
9	交口称赞	偏正式	得胜者交口称赞中国队的进步。
10	斤斤计较	偏正式	卖酒瓶，就是想帮老人一下，岂能斤斤计较这四分钱。
11	津津乐道	偏正式	还有不少企业在激烈的市场竞争中沾沾自喜，津津乐道"老黄历"。
12	恋恋不舍	偏正式	*外籍专家们恋恋不舍此次原生态之旅。
13	侃侃而谈	偏正式	面对记者，他侃侃而谈平凡而快乐的人生际遇。
	动词性成语	结构	用例

续表

14	念念不忘	偏正式	直到弥留之际,先念同志仍念念不忘大巴山老区的人民。
15	谆谆告诫	偏正式	县长再一次谆谆告诫各煤矿矿长,必须时刻重视安全生产。
16	信手拈来	偏正式	朱维民信手拈来一例。
17	矢口否认	偏正式	雇主矢口否认雇佣关系。
18	拭目以待	偏正式	我们拭目以待五月三日的最后结果。
19	随声附和	偏正式	台下的球迷随声附和伟大的意大利。
20	大声疾呼	偏正式	很多企业和企业家也在面对媒体时大声疾呼"诚信"。
21	迎头赶上	偏正式	他们都表示回去后,一定要认真学习别人的先进经验,迎头赶上他们的步伐。
22	迎头痛击	偏正式	我们工人要用自己的勤奋劳动,迎头痛击不法分子分裂祖国的活动。
23	破口大骂	偏正式	临刑时,郝象贤破口大骂武则天而死。
24	三令五申	联合式	党中央、国务院三令五申反腐败,有的地方却只传达不贯彻。
25	口诛笔伐	联合式	广大爱国知识分子以笔作枪,口诛笔伐日本法西斯暴行。
26	长驱直入	联合式	抗联一成立,侵华日军就无法长驱直入华北。
27	心领神会	联合式	加保心领神会副省长的意思,答道:"我现有一千亩的一块围栏……"
28	平铺直叙	联合式	他不愿平铺直叙现实的西非一国,而去请教了一位专家核对事实。
29	东拼西凑	联合式	今年农历正月初六,她东拼西凑了五十元钱,抱着最后一线希望,找上吴大夫的家门。
30	生吞活剥	联合式	市公安局和各公安分局的刑警更被激得眼都红了,真恨不得生吞活剥了这只恶魔。

续表

	动词性成语	结构	用例
31	生搬硬套	联合式	中国发展连铸，不能<u>生搬硬套</u>国外的经验。
32	发扬光大	联合式	我们固然需要援助，但更需要<u>发扬光大</u>自力更生的品格与精神。
33	耳闻目睹	联合式	这位领导<u>耳闻目睹</u>了越南糟糕的社会状况。
34	耳濡目染	联合式	公司员工<u>耳濡目染</u>杨铿对社会的回报，也怀着感恩的心积极参与各种公益事业。
35	身体力行	联合式	*在这"苦狱的门槛"里，他悟到了并<u>身体力行</u>了做人的种种道理。
36	苦思冥想	联合式	他<u>苦思冥想</u>广告策划却百思不得其解。
37	狼吞虎咽	联合式	*我欣喜之至而<u>狼吞虎咽</u>这精神的食粮。
38	高谈阔论	联合式	队员们经常在晚餐席间<u>高谈阔论</u>自己一天所经历的趣事和欣赏到的美景。
39	旁征博引	联合式	这本书<u>旁征博引</u>各种知识，竟把抽象的科学理论说得活泼生动、情趣盎然。
40	兼收并蓄	联合式	美国的婚姻习俗<u>兼收并蓄</u>了异地传统惯例，形成了一种五花八门、绚丽多彩的格式。
41	兼容并包	联合式	只要规章制度<u>兼容并包</u>人情和道理的要求，执行起来就要从严。
42	偏听偏信	联合式	有些患者甚至<u>偏听偏信</u>不正确的治疗方法。
43	精雕细刻	联合式	施工员<u>精雕细刻</u>每一道工序，将精湛工艺渗透到每一个细节。
44	嬉笑怒骂	联合式	林海峰<u>嬉笑怒骂</u>娱乐圈，脱口秀一开演就一针见血。
45	急起直追	连动式	一小伙子见状愤愤不平<u>急起直追</u>逃跑的出租车。
46	洗耳恭听	连动式	一群学员围着已不能示范身段只能口述心得的他，<u>洗耳恭听</u>关于《霸王别姬》的表演要领。

通过对这些成语一一考察，我们认为：这46个动词性成语中只有"大声疾呼""破口大骂""念念不忘""矢口否认"等少数几

个成语的可接受度较强；像"不屑一顾""恋恋不舍""身体力行""狼吞虎咽"后带宾语时就是很明显的病句。至于为什么这些动词性成语不能后带宾语，夏秀文（2009）认为成语本身结构复杂，构成成分大于一般的词语，成语本身已经包含程度或受事等，因此已经比较自足，不再需要多余的修饰。朱丽芳（2008）则从自身结构、语义、韵律等方面综合分析了动词性成语一般不带宾语的原因。她认为：从结构方面看，大多数动词性成语自身结构的自足使得它不能再带宾语；从语义方面看，动词性成语整体的动性要弱于一般动词；从韵律方面看，四音节动词性成语具有全部的重音地位。但是，无论是从句法、语义还是从韵律等角度进行分析，已有的解释还不够深入，更多的只是一种看法，缺乏实证性。

贾林华（2014）对 123 个及物性动词成语（见表 5-3）带宾语的情况进行了细致深入的考察，她的论证过程相当具有启发性。

表 5-3

数量	结构	成语
54	并列式	百依百顺、不闻不问、偏听偏信、长驱直入、痴心妄想、粗制滥造、赶尽杀绝、高瞻远瞩、横征暴敛、胡说八道、胡思乱想、苦思冥想、明察暗访、旁敲侧击、朝思暮想、欲擒故纵、一知半解、生搬硬套、深谋远虑、融会贯通、平铺直叙、轻描淡写、口诛笔伐、巧取豪夺、深闭固拒、条分缕析、相提并论、精雕细刻、兼容并包、兼收并蓄、大彻大悟、娇生惯养、精耕细作、精打细算、深恶痛绝、予取予求、难解难分、前赴后继、多谋善断、横冲直撞、道听途说、大惑不解、急起直追、生吞活剥、身体力行、阳奉阴违、高谈阔论、旁征博引、发扬光大、三令五申、耳濡目染、耳闻目睹、心领神会、狼吞虎咽

续表

数量	结构	成语
50	偏正式	夸夸其谈、恋恋不舍、念念不忘、循循善诱、跃跃欲试、大声疾呼、漠不关心、指日可待、严阵以待、一网打尽、企足而待、百思不解、另眼相看、虚席以待、拭目以待、迎刃而解、一概而论、不劳而获、如法炮制、一笔抹杀、一笔勾销、反戈一击、可想而知、一气呵成、不期而遇、和盘托出、斤斤计较、信手拈来、破口大骂、一窍不通、窃窃私语、反躬自问、曲意逢迎、刮目相看、插翅难逃、随声附和、洗耳恭听、迎头赶上、不堪回首、不堪设想、不可向迩、不可救药、不可理喻、不可名状、不可收拾、不可思议、不言而喻、不甚了了、不胜枚举、无可奈何
19	其他	防不胜防、存而不论、耳熟能详、秘而不宣、熟视无睹、忍无可忍、听而不闻、视而不见、屡见不鲜、罄竹难书、颠扑不破、不求甚解、捷足先登、目不忍睹、目不暇接、全神贯注、视若无睹、虎视眈眈、司空见惯

在这 123 个及物性动词成语中，有些成语如"念念不忘""大声疾呼""破口大骂""和盘托出"可以经常携带宾语，带宾频率甚至高于 50%；有些成语如"深谋远虑""忍无可忍""夸夸其谈""循循善诱"则完全不带宾语；还有一些成语则介于这两者之间。例如：

常带宾语者：

（49）念念不忘：当时他<u>念念不忘</u>修筑 20 万里铁路的宏图，表示 10 年之内不过问政治，一心完成铁路建设计划，使中国在经济上早日富强起来。（CCL现代汉语语料库）

（50）大声疾呼：美国总统克林顿在位时，曾<u>大声疾呼</u>加强继续教育和培训的资金投入。（同上）

(51) 破口大骂：他听到第二次被吵醒的政委正破口大骂那位失职的战士。(同上)

不带宾语者：

(52) 忍无可忍：寻求人类的幸福是雪莱毕生的目标，从此出发，才对黑暗的历史、残酷的现状忍无可忍。

(同上)

(53) 夸夸其谈：之后，肖来到奥马哈，直接在伯克希尔投资公司总部与巴菲特洽谈，巴菲特只让对方夸夸其谈，表现出一副无动于衷的样子，但也没有让肖感到绝望。

(同上)

(54) 循循善诱：而更重要的是会更好地理解青年人的思想感情，对他们循循善诱，而不是事事掣肘。(同上)

两者之间者：

(55) 身体力行：党和政府愈是实行各项经济改革和对外开放的政策，党员尤其是党的高级负责干部，就愈要高度重视、愈要身体力行共产主义思想和共产主义道德。

(同上)

(56) 身体力行：只要我们不折不扣地贯彻全国结算工作会议精神，人人身体力行，松弛的结算纪律一定会得到加强。(同上)

(57) 狼吞虎咽：我欣喜之至而狼吞虎咽这精神的食粮。

(同上)

（58）狼吞虎咽：在一间非常有名气的餐馆里，定之<u>狼吞虎咽</u>，低头猛吃，一看就知是长期缺嘴。（同上）

（59）洗耳恭听：男性在白天会反驳上司的教训，在晚上较能<u>洗耳恭听</u>上司的训话。（同上）

（60）洗耳恭听：而这时，维辛斯基也总是对这位被告人的补充<u>洗耳恭听</u>，嘴角还挂着宽宏而善意的微笑。（同上）

在对 123 个及物性动词成语进行考察之后，她的相关结论是："及物性动词成语带宾语的情况实际上形成一个连续统，经常带宾语和不带宾语的情况分别处于连续统的两端，不带宾语的主要是那些黏合度高[①]的成语。"相关统计数据如表 5-4 所示。

表 5-4

带宾频率	0%	0.2%~2.9%	3.2%~9.7%	10% 以上
成语数量	57 个	30 个	21 个	15 个
占成语总数比例	46.3%	24.4%	17.1%	12.2%
粘黏度排序	1	2	3	4

可见，黏合度高的成语倾向于不带宾语，黏合度低的成语倾向于带宾语。那么，这其中的道理何在？冯胜利（2006: 15）指出：四字格是两个音步的复合体（prosodic word group），所以它是韵律单位里重量最大的单位。如果四字成语是汉语韵律系统中特有的重型单位，那么当它用作动词的时候，后面无论跟什么成分，都会造成头重脚轻的毛病。正因为如此，成语一般都不能携带宾

[①] 贾林华（2014）认为成语的黏合度是指成语内部语素之间结合的紧密程度，表现为成语内部两个相邻语素是否可以独立使用（如"大声疾呼—疾呼"），是否可以被替换（如"念念不忘—念念有词"），成语内部是否允许插入其他成分（如"一语道破——语就道破了天机"）。

语,这是成语韵律语法的一大规则。韵律句法的重点是"核心重音原则"(Nuclear Stress Rule),当一个句子呈现一个完整的信息体时,较重的成分一般都靠后,也即"最后的最强"(the last being the strongest)。四字格在韵律上是一个重型单位,它的韵律分量特别重。根据韵律句法的相关要求,句末位置是重型单位天然的栖身之所,这就导致了及物性四字格倾向于居于句末。

在冯胜利(2006)的基础之上,贾林华(2014)进一步指出:那些黏合度低的成语,如"大声疾呼""发扬光大""斤斤计较"等,其内部结构呈现出断裂性(如"大声地疾呼""发扬和光大""斤斤地计较"),并不能构成汉语最大的独立的韵律单位,因而也并不总是句中最重的节奏单位;其中的动词性语素或语素组合("疾呼""发扬""计较")具有一定的独立性,可以将核心重音指派给其后的宾语,因而可以像自由短语那样携带宾语。这些研究无疑能够深化人们对动词性成语句法功能的认识,并证明韵律对句法的制约作用。

思考与练习

1. 举例说明四字格最常见的句法位置。
2. 为什么"他的父母不闻不问孩子"是病句?你如何看待及物性四字格与后带宾语的冲突性?

第六章

四字格成语的对外汉语教学

第一节　四字格成语对外汉语教学探略

汉语成语①主要来源于寓言、神话、历史故事、古诗文（包括截取文中原句或凝缩改造名句等）、外民族语言（如佛教语）、市井口语和现代新创成语。（刘洋，2013）因此，成语具有极强的历史继承性，是现代汉语中保留古汉语成分最多的瑰宝；同时，很多汉语成语反映了中华民族的价值观念、历史传统、风俗习惯与生活经验，无疑是民族文化的重要凝结。成语在现代汉语书面语与口语中广泛运用，是人们言语实践中不可或缺的语言素材。

当前有关对外汉语成语教学的研究大致可以归为以下三方面：一是成语偏误研究，二是成语教学法研究，三是成语教材编写及成语词典编纂研究。

成语兼具语言性与文化性等诸多特性，因此，成语教学也一直是对外汉语教学的重难点之一。留学生成语使用偏误非常常见，不妨来看以下的例子②：

（1）昨天在我们宿舍发生了一件逆来顺受的事。（语义误解）
（2）上学期的考试终于考完了，美丽又约爱妮去她家玩，一起轻松轻松，她们俩在房间一边躺着一边谈情说爱。
　　　　　　　　　　　　　　　　　　　　　　（语义偏离）

---

① 为了方便指称，本章"四字格成语"均用"成语"代替。
② 除非特殊注明，本章的例子都摘自张文一（2006）。

（3）他做事做得十分求全责备。（褒贬不分）

（4）这个地方有车水马龙，总是吵吵闹闹的。

（句法功能不明）

（5）她爱不释手她父亲给她的洋娃娃。（句法功能不明）

（6）爸爸在买卖时口才很好，总是说高谈阔论。

（句子成分多余）

（7）听说阿里想去参加这次运动会的比赛长跑三千米是吧？真是不自知之明，以我看啊，他连三百米可能还跑不动啊，还说什么三千米。（否定表达错误）

（8）王老师明天下午要请2班同学到家里吃饭，他们真是三生有幸。（语用偏误）

这些例子涉及语义、语法、语用等多个维度的偏误。成语偏误分析是对外汉语成语教学研究的一个重要方面，这方面的文献有不少。比如，洪波（2003a）、魏庭新（2007）、尤婵（2012）从留学生汉语成语的学习偏误入手，分析了留学生在成语的意义、成语的搭配、语用功能等诸多方面的学习难点，并给出了相关的教学建议。

成语教学方面，针对现有成语教学随意性大等不足，不少学者展开了具体而深入的研究。比如，杨晓黎（1996）倡导"由表及里、形具神生"的成语教学方法。王美玲（2004）认为导致成语偏误的主要原因是当前占主流地位的"词本位"教学法，主张白乐桑（1996）等学者提出的"字本位"教学法。潘先军（2006）则从学习者、成语本身这两个角度探讨中高级阶段留学生成语教学的层次性，并从语义、语法、语用三个层面提出教学策略。张文一（2006）提出要注重成语的分层次教学，从成语形式、语义、语法及语用这四个方面全面展开对外汉语成语教学。石慧敏（2007）从中韩成语对照入手，提出中高级阶段韩国留学生成语教学对策，即"对比教学法""集中教学法""现代活用法"。刘艳平（2013）对中高级对外汉语成语教学进行了深入调查，从教与学两个维度给出了相应的教学建议。

对外汉语教材编写中的成语部分，也有不少相应的研究。比如，张文一（2006）认为教材编写者不应该为了降低难度而无原则地对教材中出现的成语进行删改，教材的编写要注重成语知识的介绍，要注重在精读及阅读教材中适当安排一些与成语相关的练习。罗娟（2014）查阅了近30本目前流行的对外汉语教材，以这30本对外汉语教材中收录的成语作为研究对象，对其分布状况、频率分布、篇目分布进行了调查，对某些英文注释与汉语本体的差别进行了对比研究。

至于成语词典编纂方面，王若江（2001）结合留学生成语习得偏误，较早地说明了外国人使用针对中国人的成语词典是产生偏误的一大原因，并据此指出编写以外国人为对象的成语词典势在必行。同时，该文还就该类词典在语义、语法及语用方面所应具备的内容提出了一个参考框架。洪波（2003b）认为对外汉语单语成语学习词典的编纂要以第二语言学习为出发点，在使用对象、词典性质、成语条目、例句数量功能等方面提出了一些建议。杨玉玲（2011）从对外汉语教学角度分析了留学生使用成语的语法偏误和语义偏误，在此基础上提出编写《留学生多功能成语词典》的必要性和基本设想。

第二节 四字格成语的教学要点

本书以韵律构词学、韵律句法学、语体语法等作为理论基础，系统性地介绍了四字格的韵律与语法特征、四字格的两种基本组合方式以及相应的重音模式、四字格的语体功能、四字格的句法功能，从多个角度论述汉语的四字格是汉语特殊韵律系统的具体表现。那么，本书的这些研究视角对现有的对外汉语成语教学又有哪些启发呢？在此，我们粗胪其要，示之如下：

第一，成语属于庄典体，应当放到中高级教学里面。

以四字格为主体的成语是汉语的精粹，凝结着中华民族的文化与智慧。外国留学生对汉语成语的掌握情况可以作为衡量他们汉语水平的重要尺度之一，成语教学因此也是对外汉语教学的一个重难点。学习汉语，尤其到了中高级阶段之后，要能够分辨哪些词汇是正式场合使用的，哪些词汇是日常生活中使用的。根据语体语法的相关理论，成语属于庄典体，能够正确得体地使用成语是一个人语文水平高低的重要标志。初级阶段的留学生接触到的成语极为有限，成语的学习是语言习得中高级阶段的重要任务。因此，成语的教学应该主要放在中高级阶段。

成语具有庄典性，正确、适当地使用成语，可以增强语言表达的感染力，可以让人"眼前一亮"，从而提高别人对自己语文水平的评价。但是，凡事过犹不及，如果一味地追求成语的"高大上"，故意在日常生活中找一些文绉绉的成语，反而妨碍了正常的交际，从而带来负面效果。比如，潘先军（2006）举了留学生对话中的一个例子：

（9）你家离大学远吗？不远，<u>一箭之遥</u>。

本应是口语寒暄的非正式语体，却掺入一个文绉绉的成语，语体风格不符，让人感觉很别扭。因此，到了中高级阶段对外汉语成语教学，我们仍要强调一条使用规则：成语多数是较书面化的表达，鼓励留学生多用最常见的成语，不用或少用不常见的、冷僻的成语。

第二，成语的语义、语体适用对象一定要标记清楚，避免学生用错。

对外汉语成语教学首先要重视成语的意义教学，对成语意义把握不准确是留学生学习成语时碰到的最大问题。（洪波，2003a；张文一，2006；魏庭新，2007；尤婵，2012等）因此，在教学中，成语的语义、语体使用对象一定要标记清楚，避免学生用错。不妨来看以下一些例子：

（10）我现在<u>自由自在</u>地会说汉语。

（11）游览长江，很多人<u>同舟共济</u>地玩。

（12）小时候，当我犯了一点小错误，不是被妈妈骂了一大顿就是被打，以为她很恨我，默默地在屋里大哭，但从来没知道过，其实她更<u>万箭穿心</u>。

（13）王川获得了冠军，他的家长和朋友都很高兴，<u>弹冠相庆</u>。

例（10）"自由自在"形容人身没有被限制与束缚，"自由自在"的语义无法表达汉语说得好的意思。例（11）"同舟共济"的字面意思是"坐一条船，共同渡河"，用来比喻团结互助，同心协力，战胜困难。留学生错误地从字面上来理解"同舟共济"这一成语的意思,偏离了这一成语约定俗成的深层含义,从而造成了例(11)这一病句。例(12)"万箭穿心"指像很多箭射到心头,形容痛苦到极点,用在这里显然语义偏重。例(13)"弹冠相庆"多用于贬义,用在此处显然不符合该词的语体适用对象。

第三,成语与一般词汇的句法表现有所不同。

根据韵律构词学的相关理论,成语是汉语韵律系统中特有的重型单位。因此,根据韵律句法学的相关要求,及物性动词成语一般不能再带宾语,这与一般的及物动词差异很大。比如:

(14)太快的说,学生不会理解老师的意思,而<u>似懂非懂</u>老师解释的课。

(15)我们人人要<u>奉公守法</u>国家的规定。

例(14)"似懂非懂"、例(15)"奉公守法"都是动词性成语,在句中可以做状语,也可以做谓语,但是做谓语时不能后带宾语。

思考与练习

1. 以下是留学生使用成语的一些例子,请运用本书所介绍的相关理论,指出这些句子存在的问题。

(1)她不闻不问我的生活。

(2)不要总是不以为然我的建议。

(3)这个人做了很多坏事,在这个地方赫赫有名。

(4)我的邻居家喻户晓各家的事,甚至隐私他都知道。

(5)我的报告一定会有很多错误,请老师别见笑大方。

2. 请思考如何将汉语韵律句法学和语体语法的相关理论运用到对外汉语成语教学之中。

第七章

结 语

汉语四字格是一种独特的语言现象，是汉语特殊韵律的具体表现。我们通过介绍四字格的韵律、句法与语体等多方面的特征，试图让读者全方位地了解汉语四字格的特征以及运作系统。通过我们的梳理，在韵律构词学的理论框架之下，现有四字格研究得出的结论主要有：

第一，汉语中所谓的四字格实际上就是复合韵律词。

第二，复合韵律词的标准组合方式为"合并式"和"拆补式"。四字格的两种基本重音模式分别是以这两种结构方式为基础派生而来的。"合并式"导致[0213]型重音，"拆补式"导致[2013]型重音。

第三，四字格可以用于多种语用场合，呈现非正式、正式、典雅等语体特征。其中，重音模式为[2013]的复合韵律词多用于口语非正式语体，重音模式为[0213]的复合韵律词则既可以用于书面正式语体，也可以用于典雅语体。

第四，及物性成语受限于韵律句法学的相关要求，不能后带宾语。作为一个韵律上的重型单位，及物性成语最适合居于句末。

以上这些结论建基于韵律构词学、韵律句法学以及语体语法的相关理论。韵律构词学的相关理论不仅能够帮助我们认识四字格的来源以及组合方式等问题，而且能够帮助我们推导出四字格的基本重音模式。韵律句法学的相关理论能够帮助我们深入探究四字格的句法表现，通过"韵律制约句法"这一理论思想，及物性四字格的相关表现也就不难理解了。语体语法的相关理论则帮助我们认识四字格形式与功能之间的对应性。总而言之，没有韵律构词学、韵律句法学以及语体语法这些理论利器，我们就无法窥探四字格独特表达魅力的本质。只有在这些相关学科的框架之内，四字格的前世今生才能说得清、道得明。

在汉语词汇系统的历史发展过程中，四字格是格外引人注目的一个组成成分。"它能以出人意料的恰当，表达出相当复杂现象的本质"，它经过了"岁月激流的涤荡"，"几千年来一直为我们语用优质服务"[①]，当之无愧成为展现汉民族语言文化的一道亮丽风景线。四字格也是汉语使用者最喜闻乐见的一种表达方式，它能直接体现以及表达一个人的教育背景、社会地位以及文化涵养。作为汉语词汇系统中最具影响力的表达利器，四字格独特的表达魅力，植根于汉语独特的韵律系统，体现出汉语独特的文化价值。我们深信独具魅力的四字格将吸引着越来越多的研究者深入览胜！

---

① 参见武占坤《汉语熟语通论》（河北大学出版社，2007年）第114、123、124页。

参考文献

[1] 白丁."A 而不 B"格式的文化内涵 [J]. 中南民族学院学报（哲学社会科学版），1992（4）：91-96.

[2] 白乐桑. 汉语教材中的文、语领土之争：是合并，还是自主，抑或分离？[J]. 世界汉语教学，1996（4）：98-100.

[3] 崔四行. 从ABAB、AABB重音模式的句法功能看汉语的韵律形态[J]. 语言教学与研究，2012（5）：63-69.

[4] 崔希亮. 汉语四字格的平起仄收势——统计及分析 [J]. 当代修辞学，1993（1）：13-15.

[5] 戴庆厦，孙艳. 四音格词在汉藏语研究中的价值 [J]. 汉语学习，2003（6）:1-5.

[6] 戴庆厦，孙艳. 景颇语四音格词产生的机制及其类型学特征 [J]. 中国语文，2005（5）：432-440.

[7] 丁安仪. 四字格修辞美初探 [J]. 郑州大学学报（哲学社会科学版），1987（4）：89-92.

[8] 方绳辉. 成语和成语的运用 [J]. 国文杂志，1943（3/2）.

[9] 冯胜利. 汉语的韵律、词法与句法 [M]. 北京：北京大学出版社，1997.

[10] 冯胜利. 论汉语的"自然音步"[J]. 中国语文，1998（1）：40-47.

[11] 冯胜利. 汉语书面用语初编 [M]. 北京：北京语言大学出版社，2006.

[12] 冯胜利. 论语体的机制及其语法属性 [J]. 中国语文，2010（5）：400-412.

[13] 冯胜利. 汉语诗歌构造与演变的韵律机制 [J]. 中国诗歌研究（第8辑），2011a：44-61.

[14] 冯胜利. 语体语法及其文学功能 [J]. 当代修辞学，2011b（4）：1-13.

[15] 冯胜利. 语体原理及其交际机制 [J]. 汉语教学集刊（第8辑），2012a：24-49.

[16] 冯胜利. 语体语法："形式—功能对应律"的语言探索 [J]. 当代修辞学，2012b（6）：3-12.

[17] 付克诚. 汉语成语与四字格 [J]. 逻辑与语言学习，1988（5）：36-39.

[18] 付培丽. 基于对外汉语教学的成语语义透明度分析 [D]. 济南：山东大学硕士学位论文，2012.

[19] 高增良.《红楼梦》四字格辞典 [M]. 北京：北京语言文化大学出版社，1996.

[20] 郭绍虞. 汉语语法修辞新探 [M]. 北京：商务印书馆，1979.

[21] 韩启振. 动词性成语配价研究 [D]. 华中科技大学硕士学位论文，2005.

[22] 和耀. 纳西语四音格词的语音结构研究 [J]. 大理学院学报，2011（3）：44-50.

[23] 洪波. 对外汉语成语教学探论 [J]. 中山大学学报论丛，2003a（2）：297-300.

[24] 洪波. 对外汉语单语成语学习词典编纂的几个问题 [J]. 云南师范大学学报（对外汉语教学与研究版），2003b（6）：60-62.

[25] 贾林华. 汉语动词性成语带宾语情况的考察与分析 [J]. 外文研究，2014（1）：43-49.

[26] 姜德梧. 汉语四字格词典 [M]. 北京：北京语言文化大学出版社，2000.

[27] 鞠君. 四字格中"1+3"音段和"3+1"音段组合规律初探 [J]. 汉语学习，1995（1）：37-39.

[28] 李明. AB式双音节形容词重叠式的读音考察[J]. 语言教学与研究, 1996（1）: 73-82.

[29] 李少虹. 现代汉语并列四字格及其习得研究[D]. 北京: 中央民族大学博士学位论文, 2009.

[30] 刘劲荣. 拉祜语、傈僳语四音格词的比较研究[J]. 暨南学报（哲学社会科学版）, 2007（4）: 104-110.

[31] 刘叔新. 汉语描写词汇学[M]. 北京: 商务印书馆, 1995.

[32] 刘艳平. 中、高级对外汉语成语教学的调查与反思[J]. 汉语学习, 2013（5）: 88-96.

[33] 刘洋. 21世纪以来汉语成语研究[J]. 云南师范大学学报（对外汉语教学与研究版）, 2013（3）: 58-62.

[34] 刘振前, 邢梅萍. 汉语四字格成语语义结构的对称性与认知[J]. 世界汉语教学, 2000（1）: 77-81.

[35] 刘振前, 邢梅萍. 四字格成语的音韵对称与认知[J]. 语言教学与研究, 2003（3）: 48-57.

[36] 刘振前. 汉语成语的对称特征与认知[D]. 上海: 华东师范大学博士论文, 1999.

[37] 卢艳名. 现代汉语四字格语音结构形式探究[D]. 杭州: 浙江大学硕士学位论文, 2011.

[38] 陆志韦. 汉语的并立四字格[J]. 语言研究, 1956（1）: 45-82.

[39] 陆志韦. 汉语的构词法[M]. 北京: 科学出版社, 1964.

[40] 罗娟. 对外汉语教材中的成语研究[D]. 长沙: 湖南师范大学硕士学位论文, 2014.

[41] 吕叔湘. 现代汉语单双音节问题初探[J]. 中国语文, 1963（1）: 347-360.

[42] 吕叔湘. 汉语语法分析问题 [M]. 北京：商务印书馆，1979.

[43] 马国凡. 四字格论 [J]. 内蒙古师大学报（哲学社会科学版），1987（3-4）：51-58.

[44] 马庆株. 关于重叠的若干问题：重叠（含叠用）、层次与隐喻 [J]. 汉语学报，2000（1）：28-34.

[45] 莫彭龄. 关于成语定义的再探讨 [J]. 常州工业技术学院学报，1999（1）：54-59.

[46] 莫彭龄. 汉语成语新论 [J]. 江苏社会科学，2000（6）：181-184.

[47] 莫彭龄. "四字格"与成语修辞 [J]. 常州工学院学报，2003（3）：54-58.

[48] 潘先军. 简论对外汉语教学中的成语问题 [J]. 汉字文化，2006（1）：23-29.

[49] 乔永. 成语鉴别与成语词典收词标准的量化定性研究 [J]. 语文研究，2006（4）：30-34.

[50] 施春宏. 词义的认知模式与词义的性质及构成——兼谈成语的性质 [J]. 辞书研究，2002（6）：11-19.

[51] 石慧敏. 论中高级阶段韩国留学生的成语教学 [J]. 云南师范大学学报（对外汉语教学与研究版），2007（4）：42-47.

[52] 史有为. 关于四字格及其语音节奏——从"一衣带水"和"一肚子气"谈起 [J]. 汉语学习，1995（5）：15-21.

[53] 孙雷. 中高级留学生汉语成语教学研究 [D]. 长春：东北师范大学硕士学位论文，2011.

[54] 孙添怡. 对外汉语中成语的教学研究 [D]. 苏州：苏州大学硕士学位论文，2013.

[55] 孙维张. 汉语熟语学 [M]. 长春：吉林教育出版社，1989.

[56] 孙艳. 汉藏语四音格词研究 [D]. 北京：中央民族大学博士学位论文，2005.

[57] 汤廷池. 汉语词法句法续集 [M]. 台北：台湾学生书局，1989.

[58] 唐启运. 论四字格成语 [J]. 华南师院学报（哲学社会科学版），1979（2）：26-35.

[59] 王艾录，司富珍. 语言理据研究 [M]. 北京：中国社会科学出版社，2002.

[60] 王洪君. 汉语非线性音系学（增订版）[M]. 北京：北京大学出版社，2008.

[61] 王俊毅. 谓词性成语的语义类标注 [J]. 辞书研究，2011（1）：81-89.

[62] 王立. 汉语动趋结构的词感倾向 [J]. 语言学论丛（第27辑），2003：377-378.

[63] 王美玲. 试论对外汉语教学中的成语教学 [D]. 长沙：湖南师范大学硕士学位论文，2004.

[64] 王若江. 留学生成语偏误诱因分析——词典篇 [J]. 暨南大学华文学院学报，2001（3）：28-35.

[65] 王英男. 佛教成语研究 [D]. 扬州：扬州大学硕士学位论文，2012.

[66] 王永娜. 谈韵律、语体对汉语表短时体的动词重叠的制约 [J]. 语言科学，2008（6）：65-75.

[67] 王志洁，冯胜利. 声调对比法与北京话双音组的重音类型 [J]. 语言科学，2006（1）：3-22.

[68] 温端政. 汉语语汇学教程 [M]. 北京：商务印书馆，2006.

[69] 吴慧颖. 四字格中的结构美 [J]. 修辞学习，1995（1）：21-22.

[70] 吴先文. 四字格成语韵律错位及教学对策 [J]. 合肥学院学报（社会科学版），2009（2）：118-120.

[71] 武占坤. 汉语熟语通论 [M]. 保定：河北大学出版社，2007.

[72] 魏庭新. 外国学生学习汉语成语的难点分析及对策 [J]. 云南师范大学学报（对外汉语教学与研究版），2007（2）：62-65.

[73] 夏秀文. 基于语料库的汉语成语原型语法功能分析 [J]. 暨南大学华文学院学报（华文教学与研究），2009（3）：33-39.

[74] 徐国庆. 试谈四字格的语用差别 [J]. 语文建设，1999（2）：13-15.

[75] 徐通锵. 语言论 [M]. 长春：东北师范大学出版社，1997.

[76] 徐耀民. 成语的划界、定型和释义问题 [J]. 中国语文，1997（1）：11-17.

[77] 许雁. 大新三湖壮语四音格词研究 [D]. 北京：中央民族大学硕士学位论文，2011.

[78] 杨东. 四字格成语的节奏和韵律 [J]. 齐齐哈尔师范学院学报（哲学社会科学版），1980（2）：106-108.

[79] 杨建国. 基于动态流通语料库的汉语熟语单位研究 [M]. 北京：北京语言大学出版社，2009.

[80] 杨晓黎. 由表及里，形具神生——对外汉语成语教学探论 [J]. 安徽大学学报（哲学社会科学版），1996（1）：89-92.

[81] 杨玉玲. 留学生成语偏误及《留学生多功能成语词典》的编写 [J]. 辞书研究，2011（1）：101-109.

[82] 姚鹏慈. 试谈成语的结构、功能及其入句后的关涉作用 [J]. 文科教学，1985（4）：79.

[83] 姚鹏慈. "成语与文化"札记 [J]. 广播电视大学学报（哲学社会科学版），2000（4）：84-87.

[84] 叶军. 汉语语句韵律的语法功能 [M]. 上海：华东师范大学出版社，2001.

[85] 尤婵.外国留学生使用汉语成语的偏误类型[D].武汉：华中师范大学硕士学位论文，2012.

[86] 余金枝.湘西矮寨苗语四音格词研究[J].中央民族大学学报（哲学社会科学版），2006（3）：104-111.

[87] 余金枝.吉首苗语四音格词研究[D].长沙：湖南师范大学硕士学位论文，2007.

[88] 俞敏.俞敏语言学论文集[M].哈尔滨：黑龙江人民出版社，1989.

[89] 于根元.重叠四字格杂议[J].语文研究，1980（1）：80-84.

[90] 张斌，胡裕树.中国大百科全书·语言文字卷·汉语语法[M].北京：中国大百科全书出版社，1988.

[91] 张辉，孙和涛，顾介鑫.非成语四字格词组加工中韵律与句法互动的ERP研究[J].外语与外语教学，2012（6）：6-11.

[92] 张辉，孙和涛，顾介鑫.成语加工中韵律与句法互动的事件相关电位研究[J].外国语，2013（1）：22-31.

[93] 张文一.中高级程度留学生汉语四字格成语习得与教学[D].广州：暨南大学硕士学位论文，2006.

[94] 张永芳.外国留学生使用汉语成语的偏误分析[J].语言文字应用，1999（3）：25-30.

[95] 赵元任.汉语口语语法[M].北京：商务印书馆，1968.

[96] 周国光.释"合情合理"与"偏听偏信"的对立[J].语言教学与研究，2002（1）：22-27.

[97] 周荐.论四字语和三字语[J].语文研究，1997（4）：26-31.

[98] 周荐.论成语的经典性[J].南开学报（哲学社会科学版），1997（2）：29-35.

[99] 周荐.汉语词汇结构论[M].上海：上海辞书出版社，2004.

[100] 周祖谟.汉语词汇讲话[M].北京：人民教育出版社，1959.

[101] 朱剑芒. 成语的基本形式及其组织规律的特点 [J]. 中国语文，1955（2）：32-35.

[102] 朱丽芳. 动词性成语语法语用功能初探 [D]. 苏州：苏州大学硕士学位论文，2008.

[103] 朱晓农. 亲密与高调——对小称调、女国音、美眉等语言现象的生物学解释 [J]. 当代语言学，2004（3）：193-222.

[104] 朱雪梅. 汉苗语四音格词比较研究 [D]. 吉首：吉首大学硕士学位论文，2011.

[105] 邹嘉彦. 细说新语：数字与四字格词 [N]. 香港文汇报，2011-06-02（27）.

[106] 邹嘉彦. 亚洲语言与汉语独特四字格成语：语言与文化历史探究和联合国非物质文化遗产的倡议 [C]. IACL-21，台北，2013.

[107] Bruce Hayes, *Metrical Stress Theory: Principles and Case Studies* [M]. Chicago: The University of Chicago Press, 1995.

[108] Feng Shengli. Four-Syllable Expressions [J]. To appear in *Brill's Encyclopedia of Chinese Linguistics*, 2015.

[109] Hoa, Monique, *L'Accentuation en Pekinoes* [M]. Paris: Centre de Rechereches Linguisticques, 1983.

[110] Laurence Perrine. *Sound and Sense* [M]. New York: Harcourt, Brace and World, INC. 1963.

[111] McCarthy，John & Alan Prince. *Prosodic Morphology I — Constraint Interaction and Satisfaction* [M]. Unpublished manuscript. The University of Massachusetts and Rutgers University, 1993.

[112] Scott, Meredith. *Issues in the Phonology of Prominence* [D]. Unpublished Ph.D thesis at the University of MIT, 1900.

后　记

　　每每行文至此，总会万分感慨。感谢我的导师冯胜利教授给予机会，让我能够非常荣幸地成为"汉语韵律语法丛书"的一名作者，担任《汉语的四字格》一书的撰写工作。作为汉语韵律语法学的开创者与引领者，冯老师一直言传身教、悉心教诲，引导我们走上学术研究之路。在北语读博期间，老师让我重点关注汉语的介词结构，那个时候以下这组最小对比对（minimal pair）经常被我们提及：

　　　　他对我的生活不闻不问。
　　　　*他不闻不问我的生活。

　　为什么及物性动词四字格不能后带宾语，必须要用介词结构将相应的宾语提前？诸如此类的句法问题非常有趣，值得我们深入研究。当老师发来邮件让我写作《汉语的四字格》这本小书时，虽然心中诚惶诚恐，但还是欣然接受了这项重要的工作。

　　众所周知，汉语的四字格在人们的言语生活实践中发挥着非常重要的作用，它独具表达的魅力，亦庄亦谐，具备多种语体功能，是一种非常值得研究的语言现象。自陆志韦先生1956年使用"四字格"这一术语以来，围绕四字格的相关研究就从来没有离开过人们的视线。在众多已有的研究中，我们特别要强调这样两个议题：五花八门的四字格到底是怎样产生的？为什么四字格在汉语中如此普遍、备受青睐？正如本文所力图展现的，汉语四字格植根于以双音节音步为基础的汉语韵律构词系统，离开汉语的韵律系统来谈四字格，结果肯定是一团乱麻，既讲不清也道不明。

在认真研读《四字格与复合韵律词》《Sìzì Géyán — Four-Character Expressions》等相关内容之后，在和老师的多次邮件沟通之后，遵循"根据成说介绍、不以立新为要"的撰写原则，我慢慢捋出了本书的主线，构建起了全书的框架。这本小书以韵律构词学、韵律句法学、语体语法等作为理论基础，围绕四字格的韵律与语法特征、四字格的两种基本组合方式以及相应的重音模式、四字格的语体功能、四字格的句法功能等，全方位论述汉语的四字格与汉语特殊韵律系统的种种关联。此外，四字格的韵律语法研究对对外汉语成语教学有何启发之处，这些问题在本书中也专辟一章进行相应讨论。

尽管本书是以介绍学界现有的四字格研究成果为主，但是在梳理文献的过程中还是碰到了不少问题。比如，学界对"四字格"这一术语有不同的认知，各自界定的范围有时也不同，那么本书第一章确定什么是四字格、什么是四字格的形式化鉴别标准，就显得尤为必要。在本书的写作过程中，每当我遇到问题犹疑之时，总能得到老师的指点、鼓励与支持，这种幸福真是难以言喻。

本书的相关内容曾在香港中文大学"汉语韵律语法丛书"学术研讨会（2014年11月1日—2日）交流汇报过，得到了与会专家的建议、批评与指正。在写作过程中，崔四行、王永娜、王丽娟等同门师友也多有鼓励与帮助。在此谨致谢忱。由于学识有限，书中难免有疏漏之处，敬请专家、学者批评指正。

朱赛萍

2015年4月